"新思想在浙江的萌发与实践"系列教材

编委会

主　编：任少波

编　委：（按姓氏笔画排序）

　　　　马春波　　王永昌　　叶桂方　　包　刚

　　　　朱　慧　　刘　亭　　刘同舫　　刘继荣

　　　　李小东　　张　彦　　张光新　　张丽娜

　　　　张荣祥　　胡　坚　　胡　炜　　柏　浩

　　　　郭文刚　　盛世豪

"新思想在浙江的萌发与实践"系列教材

主编 任少波

法治浙江的实践逻辑

The Rule of
Law
in Zhejiang

The Logic of Practice

胡 铭 等编著

ZHEJIANG UNIVERSITY PRESS
浙江大学出版社
·杭州·

图书在版编目(CIP)数据

法治浙江的实践逻辑 / 胡铭等编著. — 杭州 : 浙江大学出版社，2022.7(2023.7重印)

ISBN 978-7-308-22821-3

Ⅰ. ①法… Ⅱ. ①胡… Ⅲ. ①社会主义法治－建设－浙江 Ⅳ. ①D927.55

中国版本图书馆 CIP 数据核字(2022)第 123571 号

法治浙江的实践逻辑
FAZHI ZHEJIANG DE SHIJIAN LUOJI

胡　铭　等编著

出 品 人	褚超孚
总 编 辑	袁亚春
策划编辑	黄娟琴
责任编辑	陈丽勋
责任校对	朱　辉
封面设计	程　晨
出版发行	浙江大学出版社
	（杭州市天目山路 148 号　邮政编码 310007）
	（网址：http://www.zjupress.com）
排　　版	杭州朝曦图文设计有限公司
印　　刷	杭州高腾印务有限公司
开　　本	710mm×1000mm　1/16
印　　张	15.75
字　　数	195 千
版 印 次	2022 年 7 月第 1 版　2023 年 7 月第 3 次印刷
书　　号	ISBN 978-7-308-22821-3
定　　价	39.00 元

序

　　浙江是中国革命红船起航地、改革开放先行地、习近平新时代中国特色社会主义思想重要萌发地。习近平同志在浙江工作期间，作出了"八八战略"重大决策部署，先后提出了"绿水青山就是金山银山""腾笼换鸟、凤凰涅槃"等科学论断，作出了平安浙江、法治浙江、数字浙江、文化大省、生态省建设、山海协作及加强党的执政能力建设等重要部署，推动浙江经济社会发展取得前所未有的巨大成就。2020年3月29日至4月1日，习近平总书记到浙江考察，提出浙江要坚持新发展理念，坚持以"八八战略"为统领，干在实处、走在前列、勇立潮头，努力成为新时代全面展示中国特色社会主义制度优越性的重要窗口。2021年6月，中共中央、国务院发布《关于支持浙江高质量发展建设共同富裕示范区的意见》，赋予浙江新的使命和任务。习近平新时代中国特色社会主义思想在浙江的萌发与实践开出了鲜艳的理论之花，结出了丰硕的实践之果，是一部中国特色社会主义理论的鲜活教科书。

　　走进新时代，高校在宣传阐释新思想、培养时代新人方面责无旁贷。浙江大学是一所在海内外具有较大影响力的综合型、研究型、创新型大学，同时也是中组部、教育部确定的首批全国干部教育培训基地。习近平同志曾18次莅临浙江大学指导，对学校改革发展作出了一系列重要指示。我们编写本系列教材，就是要充分发挥浙江"三个地"的政治优势,将新思想在浙江的萌发与实践作为开展干部培训的重要内容,作为介绍浙江努力打造新时代"重要窗口"的案例样本,作为浙江大学办学的重要特色,举全校之力高质量教育培训干部,高水平服务党和国家事业发展。同时,本系列教材也将作为高校思想政治理论课的重要教材,引导师生通过了解浙江改革发展历程,深切感悟新思想的理论穿透力和强大生命力,深入感知国情、省情和民情,让思想政治理论课更加鲜活,让新思想更加入脑入心,打造具有浙江大学特色的高水平干部培训和思想政治教育品牌。

实践是理论之源,理论是行动先导。作为改革开放先行地,浙江坚持"八八战略",一张蓝图绘到底,全面客观分析世情、国情和省情与浙江动态优势,扬长避短、取长补短走出了符合浙江实际的发展道路;作为乡村振兴探索的先行省份,浙江从"千村示范、万村整治"起步,以"山海协作"工程为重大载体,逐步破除城乡二元结构,有效整合工业化、城市化、农业农村现代化,统筹城乡发展,率先在全国走出一条以城带乡、以工促农、山海协作、城乡一体发展的道路;作为"绿水青山就是金山银山"理念的发源地和率先实践地,浙江省将生态建设摆到重要位置统筹谋划,不断强化环境治理和生态省建设,打造"美丽浙江",为"绿色浙江"的建设迈向更高水平、更高境界指明了前进方向和战略路径;作为经济转型发展的先进省份,浙江坚持以发展为第一要务,以创新为第一动力,通过"立足浙江发展浙江","跳出浙江发展浙江",在"腾笼换鸟"中"凤凰涅槃",由资源小省发展成为经济大省、开放大省。

在浙江工作期间,习近平同志怀着强烈的使命担当,提出加强党的建设"巩固八个方面的基础,增强八个方面的本领"的总体战略部署,从干部队伍和人才队伍建设、基层组织和党员队伍建设、党的作风建设与反腐败斗争等方面坚持和完善党的领导,有力推进了浙江党的建设走在前列、发展走在前列。在浙江工作期间,习近平同志以高度的文化自觉,坚定文化自信、致力文化自强,科学提炼了"求真务实、诚信和谐、开放图强"的"浙江精神",对浙江文化建设作出了总体部署,为浙江文化改革发展指明了前进方向。在浙江工作期间,习近平同志积极推进平安浙江、法治浙江、文化大省建设。作为"平安中国"先行先试的省域样本,浙江被公认为全国最安全、社会公平指数最高的省份之一。在浙江工作期间,习近平同志着力于发展理念与发展实践的有机统一,着力于发展观对发展道路的方向引领,着力于浙江在区域发展中的主旨探索、主体依靠、关系处理及实践经验的总体把握,深刻思考了浙江发展的现实挑战、面临困境、发展目标、依靠动力和基本保障等一系列问题,在省域层面对新发展理念进行了思考与探索。

从"绿水青山就是金山银山"理念到"美丽中国",从"千万工程"到"乡村振兴",从"法治浙江"到"法治中国",从"平安浙江"到"平安中国",从"文化大省"到"文化强国",从"数字浙江"到"数字中国",从对内对外开放到双循环新格局……可以清晰地看到,习近平同志在浙江的重大战略布局、改革发展举措及创新实践经验,体现了新思想萌发与实践的重要历程。

浙江的探索与实践是对新思想鲜活、生动、具体的诠释,对党政干部培训和高校思想政治理论课教学而言,就是要不断推动新思想进学术、进学科、进课程、进培训、进读本,使新思想落地生根、入脑入心。本系列教材由浙江省有关领导干部、专家及浙江大学知名学者执笔，内容涵盖"八八战略"、新发展理念、"绿水青山就是金山银山"理念、乡村振兴、"千万工程"、"山海协作"、县域治理、"腾笼换鸟"、对内对外开放、党的建设、新时代"枫桥经验"、平安浙江、法治浙江、数字浙江、健康浙江、民营经济、精神引领、文化建设、创新强省等重要专题。浙江省以习近平新时代中国特色社会主义思想为指引，全面贯彻党中央各项决策部署，统筹推进"五位一体"总体布局，协调推进"四个全面"战略布局，坚持稳中求进工作总基调，坚持新发展理念，坚持以"八八战略"为统领，一张蓝图绘到底，为社会各界深入了解浙江改革开放和社会主义现代化建设的成功经验提供有益的参考。

本系列教材主要有以下特色：一是思想性。教材以习近平新时代中国特色社会主义思想为指导，通过新思想在浙江的萌发与实践展现党的创新理论的鲜活力量。二是历史性。教材编写涉及的主要时期为 2002 年到 2007 年，并作适当延伸或回顾，集中反映浙江坚持一张蓝图绘到底，在新思想指导下的新实践与取得的新成就。三是现实性。教材充分展现新思想萌发与实践过程中的历史发展、典型案例、现实场景，突出实践指导意义。四是实训性。教材主要面向干部和大学生，强调理论学习与能力提升相结合，使用较多案例及分析，注重示范推广性，配以思考题和拓展阅读，加强训练引导。

"何处潮偏盛？钱塘无与俦。"奔涌向前的时代巨澜正赋予浙江新的期望与使命。起航地、先行地、重要萌发地相互交汇在这片神奇的土地上，浙江为新时代新思想的萌发、形成和发展提供了丰富的实践土壤。全景式、立体式展示浙江的探索实践,科学全面总结浙江的经验,对于学深悟透党的创新理论,用习近平新时代中国特色社会主义思想武装全党、教育人民具有重大意义。让我们不负梦想、不负时代,坚定不移地推进"八八战略"再深化、改革开放再出发,为建设社会主义现代化强国、实现中华民族伟大复兴的中国梦作出更大贡献。

感谢专家王永昌教授、胡坚教授、盛世豪教授、刘亭教授、张彦教授、宋学印特聘研究员对本系列教材的指导和统稿,感谢浙江大学党委宣传部、浙江大学继续教育学院(全国干部教育培训浙江大学基地)、浙江省习近平新时代中国特色社会主义思想研究中心浙江大学基地、浙江大学中国特色社会主义研究中心、浙江大学马克思主义学院、浙江大学出版社对本系列教材的大力支持,感谢各位作者的辛勤付出。由于时间比较仓促,书中难免有不尽完善之处,敬请读者批评指正。

是为序。

"新思想在浙江的萌发与实践"
系列教材编委会
二〇二一年十二月

前　言

　　法治是人类文明进步的重要标志,是治国理政的基本方式,是中国共产党和中国人民的不懈追求。法治兴则国兴,法治强则国强。党的十八大以来,以习近平同志为核心的党中央从坚持和发展中国特色社会主义的全局和战略高度定位法治、布局法治、厉行法治,将全面依法治国纳入"四个全面"战略布局,加强党对全面依法治国的集中统一领导,全面推进科学立法、严格执法、公正司法、全民守法,形成了习近平法治思想,开创了全面依法治国新局面,为在新的起点上建设法治中国奠定了坚实基础。①

　　早在 2006 年,习近平同志在浙江工作期间,就率先提出了"法治浙江"战略。十多年来,历届浙江省委坚决贯彻习近平同志关于建设"法治浙江"的重要战略,使得法治中国建设在浙江的实践一直处于前列。为此,本书以法治中国建设的浙江实践为主题,对法治浙江建设的实践逻辑进行了全面总结和深入阐释。全书的逻辑框架如下:

　　第一章围绕"法治浙江"的萌发背景、制定过程和实施展开,结合经典案例和最新实践,把握作为法治浙江具体表现和实现手段的区域先行法治化的制度基础、理论依据和现实条件。总结法治浙江科学内涵的基本原则、主要目标和重点工作部署。同时,结合

---

　　① 中共中央印发《法治中国建设规划(2020—2025 年)》。

党的相关文件,深刻理解建设法治浙江的总体目标、具体要求及其与省域治理现代化和法治中国示范区建设的有机互动。

第二章指出习近平同志在浙江工作期间作出的建设"法治浙江"的决策部署,开启了省域层面贯彻落实依法治国基本方略的创新实践,为推进社会主义法治国家建设作出了有益的地方探索。"法治浙江"是全面依法治国的思想萌发,为法治中国建设提供了理论和实践基础。

第三章指出党的领导在法治浙江建设中起到了核心作用,加强党的领导、贯彻中国特色社会主义法治理论有其必要性与优越性。其中,党的领导重点展示在三个层面:法治浙江建设如何发挥党总揽全局的制度优势,包括从"法治浙江"领导小组到省委全面依法治省委员会的机构深化改革与各级地方党委依规治党、依法执政的实践;党领导法治浙江建设的基本路径,包括领导立法、保证执法、支持司法与带头守法;党内法规制度体系的建设与完善,包括浙江省级党内法规制度体系的建设、党内规范性文件备案审查制度的完善和党务公开的不断贯彻实践与发展。

第四章指出建设中国特色社会主义法治体系,必须科学立法,完善规则供给体系。在此,首先要推进科学立法、民主立法、依法立法,实现良法善治,发挥人大及其常委会在立法工作中的主导作用,维护法治统一,进一步提升设区的市的地方立法能力和水平。其次要创新地方立法机制。在规划和选题机制、起草机制、公众参与机制、审议表决机制等方面进行完善,大数据立法机制的探索也是重要面向。最后要加快重点领域立法,发挥立法先行作用,为改革发展保驾护航。浙江省在促进高质量发展、促进民主政治建设、促进教育文化事业发展、促进民生改善和社会治理创新、促进生态文明建设等领域的重点立法成果斐然。

第五章指出法治中国建设要严格执法,加快建设法治政府。法治政府理念可以被具体化为以下三个方面:有限且有效的政府、透明且阳光的政府、责任且担当的政府。这些理念,与创新政府、廉洁政府、服务型政府等一起,构成一个现代化政府的整体价值内涵。浙江在这方面的实践不仅体现在依法全面履行政府职能,推进重大行政决策科学化、民主化和法治化;也体现在坚持严格规范公正文明执法,强化对行政权力的制约和监督,依法有效化解矛盾纠纷,全面推进数字化改革,丰富法治政府建设内涵。

第六章指出公正司法,提升司法公信力及其在法治中国建设中的重要作用。司法体制改革是法治中国建设的基础,主要的四项改革内容是:司法责任制,人员分类管理,司法人员职业保障,省以下法院、检察院人财物统一管理。此外,司法权力运行机制的改革,包括诉讼制度、执行机制、法律监督机制的改革和完善。最后,科学技术在司法改革中起到举足轻重的作用,浙江建立起了具有浙江特色的互联网法院、全方位智能审判、政法机关一体化网上协同办案体系等。

第七章指出法治中国建设中还需要全民守法,深化普法依法治理。对此,浙江的实践在于落实"谁执法、谁普法"的普法责任制,把执法与普法有效衔接并融为一体;通过多角度增强普法主体的主动性,为加速普法机制由被动向主动转化提供制度保障。浙江还打造法治实践平台促进依法治理,具体举措包括:营造尊法学法守法用法的良好氛围;深入推进依法治理,推动全社会树立守法观念;重大治理实践促进法治观念普及;守信即守法,加强社会信用体系建设。浙江还积极构建"三治融合"的法治社会治理体系。自治、法治、德治"三治融合"是坚持发展新时代"枫桥经验"的重要路径。以自治增活力、以法治强保障、以德治扬正气，更好地实现基层善治，不断增强人民群众获得感、幸福感、安全感。

目 录

在这样的新形势、新要求下，必须按照建设社会主义法治国家的要求，积极建设"法治浙江"，逐步把经济、政治、文化和社会生活纳入法治轨道。

——摘自《法治：新形势的新要求》①

第一章　法治浙江的萌发与发展

◆ **本章要点**

1. 深刻理解"法治浙江"的萌发背景、制定过程和实施展开，结合经典案例和最新实践，把握作为法治浙江具体表现和实现手段的区域先行法治化的制度基础、理论依据和现实条件。

2. 深刻理解作为法治浙江科学内涵的基本原则、主要目标和重点工作部署。

3. 结合党的相关文件，深刻理解建设法治浙江的总体目标、具体要求及其与省域治理现代化和法治中国示范区建设的有机互动。

党的十八大强调，依法治国是党领导人民治理国家的基本方略，法治是治国理政的基本方式，明确提出了建设"法治中国"的宏大目标，系统地阐发了中国特色社会主义法治国家建设的基本理念、整体思路和总体战略。作为马克思主义法治思想中国化的重大理论创新成果，习近平总书记关于法治建设的重要思想为坚持

---

① 习近平. 法治：新形势的新要求[N]. 浙江日报，2006-05-10(1).

和完善中国特色社会主义法治道路奠定了思想基础,为推进法治中国建设提供了重要的思想指导、理论依据和实践遵循。

伟大的思想源自实践创新与理论创新的良性互动。时任浙江省委书记习近平,针对浙江"先成长先烦恼"的现实挑战,坚持先行先试,率先就省域层面社会主义法治建设的战略布局进行探索,作出建设"法治浙江"的重大决策。围绕"法治浙江"的决策和实施,习近平同志就法治建设的重要意义、重大原则、基本路径等作出了一系列重要论述,推动浙江走在社会主义民主和法治建设的前列。浙江是习近平新时代中国特色社会主义思想的重要萌发地,是法治中国建设的先发地和重要实践地。在深化法治化改革的进程中,浙江正努力打造法治中国的"重要窗口"。

第一节　法治浙江:先发地区的先行法治化实践

2006 年,习近平同志在担任浙江省委书记期间提出了"和谐社会本质上是法治社会"①的科学论断。部署"法治浙江"战略时,习近平同志在 2006 年 4 月的省委十一届十次全会上强调:"要围绕维护人民群众根本利益,把解决人民群众最关心的问题,作为'法治浙江'建设的切入点,使'法治浙江'建设一开始就惠及群众,让群众感受到实际效果。"②"法治浙江"思想一以贯之,就是要推进社会治理法治化,维护人民群众的根本利益,确保社会长治久安。

---

① 习近平. 之江新语[M]. 杭州:浙江人民出版社,2007:204.
② 习近平. 干在实处 走在前列——推进浙江新发展的思考与实践[M]. 北京:中共中央党校出版社,2006:362.

一、提出法治浙江战略的背景

改革开放以来,浙江经济不断迈上新台阶。这一时期既是发展战略机遇期,又是社会矛盾的凸显期,城乡发展不协调、区域发展不平衡、收入差距扩大及利益关系调整等引发的人民内部矛盾,迫切需要在社会主义法治框架下予以解决。

◆◆ **案例 1-1**

用法治解决人民内部矛盾——"农民告县长第一案"

1985 年 8 月,浙江省苍南县农民包郑照家,征得镇城建办的同意,动工建房并办理了产权登记。但苍南县政府认为,房屋盖在河堤范围内,对抗洪防汛造成了干扰,要求包家自行拆除,包家没有理会。1987 年 7 月,县政府组织人员将包家部分房屋强行拆除。被强拆了房子而自感走投无路的包郑照,一纸诉状将县政府告上了法庭。

彼时,行政诉讼制度已初步建立,但行政案件受理范围很窄,且立的是民事案号,采用民事诉讼程序审理。在这样的背景下,包家为立案奔波了一年多。最终案件受到浙江省高院的关注,指定温州中院受理此案。"民告官"第一案得以进入司法,按照民事程序审理。时任苍南县县长的黄德余收到开庭传票后,作为被告的县政府陷入焦灼,县四套班子成员集中开了三次专题会议讨论县长要不要出庭。黄德余最终还是决定亲自出庭,成为全国行政首长出庭应诉第一人:"我虽然不知道什么是行政诉讼,但我想这是老百姓通过司法途径监督政府,而共产党领导下的政府要接受群众监督。"

1988 年 8 月 25 日,庭审在苍南县电影院进行。包郑照由其次子包松村代为发言称,原告是经镇城建办批准建房的,强拆侵犯了其合法财产权。而黄德余则反驳,原告的楼房建在了河道、堤塘上,属违章建筑。而且在开建后,县水利局马上通知制止,要彻底清除,但原告突击强建,使违章建筑变成事实。法庭上,包郑照的律师出示71份证据,发表了3万余字的代理词;黄德余的律师也发表了16页的代理词,庭审从早晨一直持续到晚上10点。1988年8月28日,温州中院作出一审判决,认定原告包郑照等人的房屋属违章建筑,影响引洪排洪,危害闸坝安全,苍南县政府强行拆除合法。依法作出驳回原告诉讼请求的判决。一审败诉后,包家人不服,上诉到浙江省高院。1988年12月26日,二审判决认为:为保护水利工程和人民生命财产的安全,县政府强行清障合法。据此判决驳回上诉,维持原判。

当年浙江日报记者采访包松村,为何有勇气和县政府打官司,包松村说:"我们相信法律。"再问黄德余为何敢于应诉,黄德余答:法庭是"秉公执法"的,原告不服政府处理,那就按法律办。庭审结束时,黄德余走到了包家人面前伸出了手,包郑照显然一点准备也没有,先是愣了一下,然后才赶忙拘谨地伸出手。最终两只手还是握在一起。黄德余说:"无论官司胜败,你们一家作为苍南县的公民,政府今后仍要为你们服务……"

案例来源:肖菁. 载入史册的"民告官"第一案:温州农民状告县长[N/OL]. 浙江在线,2018-09-21 [2021-02-09]. https://zjnews. zjol. com. cn/zjnews/wznews/201809/t20180921_8322238. shtml.

案例简析 〉〉〉

该案不是中国的第一起行政案件,却因为其重要意义被称为中国行政诉讼第一案,在中国法制史上留下印记,成为那个时代背景下的一个标本。虽然原告败诉了,但它唤起了公民依法维权意识的觉醒和政府对依法行政的反思,推动了中国的行政诉讼立法。

1990 年 10 月 1 日,《行政诉讼法》正式实施,我国行政诉讼制度正式建立,行政诉讼案件数量逐步增加。官司结束后的第三年,包松村的儿子出生,他给儿子取名包诉讼,来纪念当年的这场官司。2002 年,包郑照老人去世,临终前他嘱咐子孙,虽然官司败诉,但以后要相信法律。

民告官第一案中,需要勇气的不仅是包郑照们,还有执掌着公权力的黄德余们。如果说起诉是原告的一腔孤愤,那么在并无成法可依的情况下,该案最终得以进入司法程序,"官"与"民"各自主张权利,由法庭裁决,亦不可缺少为政者"要让老百姓有地方说理"的朴素的政治良心和自我革新的勇气。这虽是地方政府和人民法院的一小步,却是中国民主法治的一大步。三十多年后的今天回头看该案,其中呈现的"基层发端、地方试行,进而被吸收为中央政策、立法予以支持"的互动与突破在迄今的改革进程中处处可见。发展着的中国,法治建设一直在推进。只有积极回应民众对美好生活的向往和个人权利意识的强化,探求全民诉求与利益实现的最大公约数,顺着群众普遍关注的问题找准聚焦点和突破口,法治建设方能不断前进。

二、法治浙江战略的制定过程

(一)在浙江现代化建设总体布局中谋划法治,"法治浙江"雏形初现

进入 21 世纪以来,在社会主义法治框架下解决人民内部矛盾的需求有增无减。2002 年,习近平同志到浙江工作后,坚持调研开局、调研开路,在跑深吃透浙江省情、市情、县情基础上,省委相继作出了"八八战略"、全面建设"平安浙江"、加快建设文化大省、加强党的执政能力建设和先进性建设等重大决策部署,有机构成了

浙江经济、政治、文化和社会建设"四位一体"的总体布局。①

"四位一体"的总体布局体现了浙江省委对于法治建设的高度重视与深刻理解。2003年7月,浙江省委十一届四次全会作出的"发挥八个方面优势,推进八个方面举措"(即"八八战略")的决策部署中,法治建设与信用建设、机关效能建设一起被确定为进一步发挥浙江软环境优势的主要举措;2004年5月,浙江省委十一届六次全会对"平安浙江"建设作出了全面部署,提出了创造"四个环境"的重点内容和维护"六个安全"的工作要求,民主法制建设、推进依法治省是维护"政治安全"的重要内容;同年,浙江省委十一届七次全会关于加强党的执政能力建设的意见,提出必须致力于巩固党执政的政治基础,全面推进法治社会建设,不断增强发展社会主义民主政治的本领;2005年7月,浙江省委十一届八次全会通过的关于加快建设文化大省的决定,提出要大力实施文化建设"八项工程",加快建设教育、科技、卫生、体育"四个强省",要求开展以普及科学知识、普及法律知识为主要内容的"双普"活动,增强法治意识,弘扬科学精神等。② 可见,法治建设既是发展社会主义民主政治的有效途径,同时又是推进浙江省经济繁荣、社会发展、党的执政基础巩固的重要保障。

(二)法治浙江战略部署正式作出,开创全省法治工作新格局

习近平同志高度重视"法治浙江",在实施"八八战略"、建设"平安浙江"等重大决策部署中,都将法治建设作为重要内容。

---

① 习近平.干在实处 走在前列——推进浙江新发展的思考与实践[M].北京:中共中央党校出版社,2006:7.

② 唐明良,等.全面依法治国 建设法治浙江[M].北京:社会科学文献出版社,2020:6-7.

2004年9月,习近平同志批示要求研究建设"法治浙江"问题,随后亲自主持建设"法治浙江"重点调研课题,组织14个省级部门和单位开展系统调研。在浙江省委政策研究室具体起草《关于建设"法治浙江"的决定》的过程中,习近平同志又与省委有关领导同志亲自带队赴浙江各地开展建设"法治浙江"调研,派出两个由省领导带队的调研组分赴北京、上海、山东、江苏等省市考察调研,并多次就该决定的起草工作作出重要指示。2006年4月,浙江省委十一届十次全会审议通过了《中共浙江省委关于建设"法治浙江"的决定》,开启了法治中国建设在省域层面的实践探索。该决定提出了建设"法治浙江"的"五项基本原则""三个坚持""四个加强"和"一个确保",构成了习近平同志关于建设"法治浙江"决策部署的核心内容。[①] 从此,法治浙江与"八八战略"、平安浙江、文化大省、生态省建设及党的执政能力建设等一起,共同构成了浙江全面建设小康社会的总体布局。

三、法治浙江战略的全面实施

法治浙江建设是一项长期的、系统的工程。2007年以来,历届浙江省委秉持"一张蓝图绘到底"的精神,忠实践行"八八战略",一任接着一任干,不断赋予浙江现代化总体布局新的时代内涵,不断提炼法治浙江建设新的工作重点和载体抓手,续写了法治浙江建设新的篇章。浙江省第十二次党代会把建设"法治浙江"纳入"创业富民、创新强省"总战略,同时提出"重基层、打基础、强基本"的工作要求,把固本强基作为法治建设的关键环节重点推进,扎实推动执法、司法、普法等各项工作向基层延伸。浙江省第十三次党代

---

① 唐明良,等.全面依法治国 建设法治浙江[M].北京:社会科学文献出版社,2020:7.

会以来,省委相继提出了建设"两富""两美"浙江的新的历史使命,把建设"法治浙江"作为深化改革再创体制机制新优势的重要内容。2014年12月,浙江省委十三届六次全会通过《中共浙江省委关于全面深化法治浙江建设的决定》,强调法治浙江建设要在六个方面继续走在前列,同时把"三改一拆""五水共治"等省委中心工作作为法治浙江建设的大平台、试验田、试金石和活教材。2017年6月,浙江省第十四次党代会强调要"在提升各领域法治化水平上更进一步、更快一步,努力建设法治浙江";同年11月,省委十四届二次全会通过《中共浙江省委关于高举习近平新时代中国特色社会主义思想伟大旗帜奋力推进"两个高水平"建设的决定》,更加鲜明地提出建设更高水平的法治浙江,统筹推进科学立法、严格执法、公正司法、全民守法,努力在建设中国特色社会主义法治体系中走在前列。①

2006年以来法治浙江建设的生动实践,进一步加深了对为什么建设"法治浙江"、建设什么样的"法治浙江"、怎样建设"法治浙江"等重大问题的认识和把握,为全面深化并高水平建成"法治浙江"奠定了坚实的基础。2020年11月24日,中共浙江省第十四届委员会第八次全体会议审议通过了《关于制定浙江省国民经济和社会发展第十四个五年规划和二〇三五年远景目标的建议》,结合过往经验和浙江实际,作出了"深化法治浙江建设"的最新战略部署,为立法、司法、行政、公共法律服务的发展指明了方向。

四、区域先行法治化:何以可能

区域先行法治化是指中国东部地区在其经济与社会"先发"的

---

① 唐明良,等.全面依法治国 建设法治浙江[M].北京:社会科学文献出版社,2020:7-8.

基础上,在国家法制统一的原则下,率先推进区域法治化。区域法治是在遵循国家法治发展的总体方向的前提下,适应特定空间范围内的区域发展的现实需求,建构有机协调的区域法治秩序,推动区域发展的法治进程,因而是治国理政的区域性依法治理模式。[①]

（一）区域先行法治化的制度基础

中国特色社会主义法治道路内在地蕴含着国家法治发展与区域法治发展协调推进的基本要求。《宪法》第三条规定的"遵循在中央的统一领导下,充分发挥地方的主动性、积极性的原则",从最高规范层面提供了区域法治试验的宪法依据。党的十八届四中全会确立从建设中国特色社会主义法治体系、推进国家治理现代化的战略高度,高度重视区域法治发展与区域社会治理现代化问题。《中共中央关于全面推进依法治国若干重大问题的决定》提出完善立法体制,明确地方立法权限和范围,依法赋予设区的市地方立法权;完善不同层级政府特别是中央和地方政府事权法律制度,根据不同层级政府的事权和职能,合理配置执法力量;探索设立跨行政区划的人民法院和人民检察院,办理跨地区案件;推进多层次多领域依法治理,深入开展多层次多形式法治创建活动,进而提高社会治理法治化水平;并且提出把法治建设成效作为衡量各级领导班子和领导干部工作实绩的重要内容,纳入政绩考核指标体系;等等。这些都为区域法治发展奠定了重要的制度基础。

（二）区域先行法治化的理论依据

法治的渐进性和具体性决定了区域先行法治化的必要性。[②]

---

①　张文显. 变革时代区域法治发展的基本共识[J]. 法制现代化研究,2013(1):28.

②　陈柳裕,王坤,汪江连. 论地方法治的可能性——以"法治浙江"战略为例[J]. 浙江社会科学,2006(2):81-82.

首先,法治具有渐进性,这种渐进性既是法治的本质特点,也是由法治的实现条件所决定的。就法治本身而言,在静态意义上,法治是经济、政治、文化和社会发展到一定程度的产物,是一种比较理想的社会状态;而在动态意义上,法治则体现为从没有法治到具有法治,从法治不完善到法治逐步完善的一个历史过程,这个过程反映了法治的渐进性特征。就法治实现的条件而言,尽管不同国家实现法治的路径各不相同,而其实现程度则主要取决于这些国家或地区市场经济、民主政治和理性文化的发展程度。① 其中,市场经济奠定了法治的经济基础,民主政治创造了法治的政治前提,而理性文化则提供了法治的文化条件。由于这些条件的满足都需要有一个过程,因此,从法治实现的条件上看,法治也就明显地体现了渐进性特征。在实现法治国家目标的过程中,法治的渐进性决定了地方法治是必要的。由于我国幅员辽阔,各地经济发展程度、民主政治和文化建设程度差别较大,因而整体地、齐头并进地实现法治不仅是有难度的,实际上也是不可能的。换言之,在超大型的国家里建设法治,法治成长的区域差异客观存在,各地所面对的问题具有一定的地方特性。因此,对于能够满足法治国家的经济、政治、文化和社会等条件的一些省份,利用制度演进和治理方略的设定,率先在某些方面达到法治国家的目标,不仅是可行的,也是必要的。由此,"法治浙江"等地方法治战略在长三角这一经济、政治、文化相对比较发达的地区出现绝非偶然。

其次,法治具有具体性,即法治在国家层面具有其普遍性和共性,但在地方层面则具有其特殊性和个性。地区的特殊性,不只表现于香港、澳门等特别行政区及民族区域自治地方,在其他省市也

---

① 卓泽渊. 法治国家论[M]. 北京:法律出版社,2004:112.

同样存在。正是地方的特殊性决定了法治的具体性。在强调法治普遍性的同时，为了具体实现法治国家的各种目标，我们应同时思考法治的具体性。法治的具体性从地域角度看就是与作为整体的国家法治相对应的地方法治。这种具体性包括法治国家抽象理念在地方的具体落实、法治国家核心目标在地方的具体实现、法治国家治国模式在地方的具体运用及法治国家生活方式在地方的深入体现。由于法治具有具体性，即使在未来中国已经在整体上实现法治的情况下，地方法治仍然有其存在的必要性。"法治浙江"作为地方法治的一种，其存在的可能性之一取决于浙江地方的特殊性。而正是浙江在社会、经济和文化传统上的特殊性决定了"法治浙江"的具体性，从而也决定了在浙江实现地方法治的可能性。

（三）区域先行法治化的现实条件

地方的能动性决定区域先行法治化的现实性。主体在进行活动时不仅具有客观受动性，而且具有主观能动性。在中央与地方之间的关系方面，既要发挥中央的积极性，也要发挥地方的能动性。因此，地方在国家实现法治的过程中也能够并需要体现能动性。这种能动性主要是指各地区在实现国家法治过程中应当而且能够发挥的能动作用，客观上反映了各地区在国家法治化进程中的作用，从而构成了地方法治的实证基础。

首先，在地方立法方面，这种能动性一是表现在为实施法律、行政法规，根据本行政区域的实际情况作出具体规定，二是表现在除国家专属立法权之外，就国家尚未制定法律或者行政法规的事项进行先行立法。浙江自改革开放以来，在许多领域都进行过可贵的立法探索，不仅制定了《浙江省农民专业合作社条例》《浙江省村经济合作社组织条例》《浙江省保护消费者合法权益条例》《浙江省实行九年制义务教育条例》《浙江省禁止赌博条例》等创制性的地方性法规,而且创设了海域排污权区域调剂制度、森林生态效益补偿制度、工资支付保证制度、著名品牌保护制度等符合浙江经济文化社会发展要求的制度,这些都是地方立法能动性的具体表现。

其次,在执法方面,地方的能动性主要是行政的能动性,即地方政府活动的能动性。地方政府的执法与立法的保守、滞后,司法的中立、消极不同,它是面对社会执行法律,接触社会的变化,必须灵活主动处理各种事务。浙江省政府在执法上也有许多能动性的表现。在转变政府职能方面,坚持政企分开、政资分开、政事分开、政社分开,推进简政放权、放管结合、优化服务,通过深化行政审批制度改革、推进"四张清单一张网"改革,特别是通过全面推进"最多跑一次"改革,基本理顺了政府与市场、政府与社会的关系,为基本建成职能科学、权责法定、执法严明、公开公正、廉洁高效、守法诚信的法治政府奠定了良好基础。目前,浙江已成为"审批事项最少、办事效率最高、投资环境最优、群众和企业获得感最强"的省份之一。

最后,在司法方面,浙江以司法理念的及时更新和全面深化改革为内生动力,锐意改革创新,先后推出"三项承诺""八项司法""三大机制"等一系列创新举措,积极稳妥推进各项司法改革,切实提高司法能力和公信力。2006年初,浙江省高级人民法院向全省人民作出了三项承诺:"努力做到不使有诉求的群众因经济困难打不起官司,努力做到不使有理有据的当事人因没有关系打不赢官司,努力做到不使胜诉当事人的合法权益因没有关系得不到保护。"2009年初,浙江省高级人民法院向全省人民作出了"抓好八项司法,服务科学发展"的承诺,在实现法院自身科学发展的同时有效提升和促进了法院工作服务科学发展的能力和成效。2016年9

月,浙江省高级人民法院又制定出台了《关于建立健全"大立案、大服务、大调解"机制的指导意见》,着力优化司法资源配置,设法提升司法服务水平,实现了让案件立得进、办得出,让解决纠纷的渠道更多、效率更高、效果更好,树立了诉讼服务的浙江品牌。

◆◆ **案例 1-2**

试水地方法治评估——余杭法治指数

浙江是国内最早试水地方法治评估,并一直持续深入开展评估实践的地区之一。"余杭法治指数"于 2008 年 6 月 15 日在浙江省杭州市余杭区公布,这是继香港特别行政区 2005 年推出法治指数后,内地首次运用量化评估考量区域法治水平。

这一指数以余杭区本级、区级机关各部门、各镇(街道)和村(社区)为评估对象;以党委依法执政、政府依法行政、司法公平正义、权利依法保障、市场规范有序、监督体系健全、民主政治完善、全民素质提升、社会平安和谐等九个方面为评估内容;分内审组、外审组、专家组评审及群众满意度调查四个评估步骤,借助专家、政府和民众多方力量获取多来源数据,进行综合性法治评估。其中内审组(政府机构法律人员)占 17.5% 的权重;外审组(非政府机构的企业家、记者等)占 17.5% 的权重;专家组(法学界知名专家)占 30% 的权重;群众满意度占 35% 的权重,"因为群众满意度是法治建设水平的最重要体现,所以权重最高"。

"法治指数"倒逼行政改革。每年法治指数公布后,部门、镇、街道如果被扣分了,就要被"倒查",而且要在规定时间内拿出整改方案。这就倒逼余杭的行政部门改革创新。例如,余杭探索出了交通事故"一条龙"的处理机制,将公安、司法、法院、保险等部门"搬"进了交通事故调解处理中心,建立了以人民调解为基础、多部门协作配合、多机制相衔接的道路交通事故联调联处新模式，极大地提升了交通事故纠纷化解的效率，实现了便利民众的初衷。

"法治指数"还在余杭的基层普法方面发挥着举足轻重的作用。以前，余杭的百姓更喜欢用协商的方式来解决纠纷，而不是通过正规的法律途径。2008年，"法治指数"制度在余杭全面铺开后，法治建设被放入了余杭区政府、街道、乡镇相关部门的政绩考核内容中，普法工作随之紧锣密鼓地展开。近年来，余杭民众和政府通过法律途径解决问题的意愿越来越强，法律顾问服务遍及余杭每个村和社区。"法治指数"制度为余杭经济社会提供了坚实的法治环境保障。

案例来源：金许斌."法治指数"倒逼行政改革：余杭让法治成为可度量的指标［N/OL］.浙江在线，2016-07-12［2021-02-09］. https://js. zjol. com. cn/ycxw_ zxtf/201607/t20160712_1724309. shtml.

案例简析 >>>

"余杭法治指数"是区县级综合性法治评估的典范。这是政府量化法治的新实践，让政府更加了解人民的关注点和所要表达的诉求，同时增强人民的法律意识。在此经验基础上，2012年开始，关于法治政府评估、立法评估（法律制度评估）、司法评估等专项评估也得以逐步展开，浙江进入了综合评估与专项评估并存的阶段。不再局限于对各种法治评估经验做法的模仿，而是视野更加开阔，联合国电子政府发展指数、绩效评估、评估学、政策评估、法治绩效评估等概念、域外经验、其他领域的评估实践与研究，受到更广泛的关注，被更充分地吸收进各地各部门的评估实践中。法治评估表现出多样态，分层分类评估更加丰富。

第二节 法治浙江战略的科学内涵

"法治浙江"是在坚持中国特色社会主义发展道路和国家法治统一的前提下,充分发挥地方能动性,促进全省经济、政治、文化、社会、生态等各项事业在法治轨道上发展,打造"法治中国"示范样本的实践探索。党的十八大以来,"法治浙江"作为现代化浙江建设总体布局的重要组成部分愈发凸显。党的十九大报告指出"全面依法治国是国家治理的一场深刻革命",从推进国家治理体系和治理能力现代化的高度,进一步拓展了"法治浙江"内涵深化的空间。

一、法治浙江的基本原则

(一)坚持党的领导

在党的领导下发展社会主义民主、建设社会主义法治社会,实现坚持党的领导、人民当家作主和依法治国的有机统一。正如习近平同志 2006 年 4 月在浙江省委十一届十次全会上指出的,"依法治国就是把社会主义民主与社会主义法制紧密结合起来,实现民主的制度化、法律化,从而保障人民群众在党的领导下,依照宪法和法律的规定,通过各种途径和形式管理国家事务,管理经济文化事业,管理社会事务,保证国家各项工作都依法进行,维护和实现人民群众的根本利益"。①

---

① 习近平.干在实处 走在前列——推进浙江新发展的思考与实践[M]. 北京:中共中央党校出版社,2006:357.

（二）坚持以人为本

坚持一切权力属于人民，以最广大人民的根本利益为出发点和落脚点，尊重和保障人权，做到执法为民。在党的领导下，通过法律和制度保障人民当家作主，通过人民赋予的权力和民主程序制定法律，使各项法律制度符合人民的意愿、利益和要求。这是社会主义法治的本质要求。

（三）坚持公平正义

在立法、执法、司法活动中维护社会公平正义，做到公开、公平、公正，维护群众权益，维护国家利益。尤其要注重把公平正义作为制定法律和进行制度安排的重要依据，逐步建立起保障社会公平正义的法律体系，从源头上防止社会不公正现象的出现。这是社会主义和谐社会的基本特征之一，也是社会主义法治的价值追求。

（四）坚持法治统一

以宪法和法律为依据，紧紧围绕党和国家大政方针和重大工作部署，结合浙江实际开展立法、执法、司法工作。尤其要根据宪法和立法法，适应浙江省经济社会发展走在前列的要求，加快地方立法步伐，不断完善与国家法律法规相配套、具有浙江特色的地方性法规规章体系。这是浙江完善社会主义市场经济体制对法治秩序提出的内在要求。

（五）坚持法治与德治相结合

坚定不移地实施依法治国的基本方略，充分发挥以德治国的重要作用，在加强社会主义法治建设的同时，进一步加强社会主义道德建设，使法治和德治在国家治理体系中相互补充、相互促进、相得益彰,最终达到调节社会关系、维护社会稳定的目的,保障社会的健康和正常运行。

二、法治浙江的主要目标

2006 年 4 月,浙江省委十一届十次全会审议通过《中共浙江省委关于建设"法治浙江"的决定》,对建设"法治浙江"进行全面部署,提出"加快建设社会主义民主更加完善、社会主义法制更加完备、依法治国基本方略得到全面落实、人民政治经济和文化权益得到切实尊重和保障的法治社会",这也是首次对"法治浙江"的全面概括。建设法治浙江,其基本要义是在浙江全面建设小康社会和社会主义现代化建设进程中,通过扎实有效的工作,不断提高经济、政治、文化和社会各个领域的法治化水平,加快建设民主更加完善、法制更加完备、公权行使更加规范、私权保障更加充分的法治社会。

建设"法治浙江"的总体要求是:高举邓小平理论和"三个代表"重要思想伟大旗帜,全面落实科学发展观,致力于构建社会主义和谐社会,牢固树立社会主义法治理念,坚持社会主义法治正确方向,以依法治国为核心内容,以执法为民为本质要求,以公平正义为价值追求,以服务大局为重要使命,以党的领导为根本保证,在浙江全面建设小康社会和社会主义现代化建设进程中,通过扎实有效的工作,不断提高经济、政治、文化和社会各个领域的法治化水平,加快建设社会主义民主更加完善、社会主义法制更加完备、依法治国基本方略得到全面落实、人民的政治经济和文化权益得到切实尊重和保障的法治社会,使浙江省法治建设工作整体上走在全国前列。

顺应时代对浙江发展的新定位、新要求和新机遇,法治浙江建设的主要目标不断发展。2020 年 12 月 14 日,浙江省委全面依法治省委员会召开第三次会议,审议并原则通过了《法治浙江建设规划(2021—2025 年)》(以下简称《规划》),锚定建设法治中国示范区的总目标,将总目标与五年目标结合起来,提出到 2025 年,法治在省域治理现代化中的基础地位进一步凸显,各领域法治化水平全面提升,智慧型法治省份建设深入推进,地方法规规章制度体系进一步健全,执法司法的质量、效率、公信力进一步提高,公民法治意识和法治素养进一步提升,社会公平正义进一步彰显,人民合法权益得到充分尊重和保障,法治建设关键指标在全国领跑,基本建成科学立法、严格执法、公正司法、全民守法,全社会既规范有序又充满活力的法治浙江;到 2035 年,跟基本实现省域治理现代化同步,建成法治政府、法治社会,建成与省域治理现代化、高水平整体智治体系相适应的法治浙江,建成法治中国示范区,努力为法治中国建设提供更多的浙江例证和浙江实践。《规划》还将总目标细化落实到各项具体目标和量化目标上,对全面贯彻实施宪法、完善地方立法体制机制、全面建设法治政府、深化司法体制改革、加快建设法治社会、全面推进网络空间法治化、加强权力运行的监督制约等方面都提出了具体的目标要求,并设置了 43 项量化指标,形成了宏观到具体、定性到定量的目标体系。

三、法治浙江的重点工作

《中共浙江省委关于建设"法治浙江"的决定》指出:建设"法治浙江"是一项长期任务,是一个渐进过程,是一项系统工程,并明确建设"法治浙江"要重点抓好十个方面的工作:提高依法执政水平,巩固党的执政地位;推进社会主义民主的制度化、规范化、程序化,保障人民当家作主;加强地方立法,完善地方性法律法规体系;全面实行依法行政,推进法治政府建设;坚持司法公正,维护社会公平正义;深入开展普法教育,着力提高全民法律意识和法律素质;建立健全监督体系,规范公共权力运作;加强推进科学发展的法制建设,促进经济社会全面协调可持续发展;加强社会建设和管理的法制建设,促进社会和谐稳定;坚持法治与德治并举,在全社会树立社会主义荣辱观。

推进法治政府建设是建设"法治浙江"的关键所在。这就要求"职权法定、依法行政、有效监督、高效便民",深化行政管理体制改革,加快政府职能转变,进一步理顺政府与市场、政府与社会、政府与企业的关系,努力建设高效精干、公开透明的服务型政府。"法治浙江"的建设,与党的十六大以来浙江省委作出的深入实施"八八战略"、全面建设"平安浙江"、加快建设文化大省、加强党的执政能力建设和先进性建设等重大决策部署,有机构成了浙江经济、政治、文化和社会建设"四位一体"的总体布局。

最新的《法治浙江建设规划(2021—2025年)》结合发展实际,深化发展了法治浙江建设的任务工作,提出要在建设法治中国示范区总目标的指导下,坚持利民为本、法治为基、整体智治、高效协同理念,以解决法治领域突出问题为着力点,以法治化改革、数字化改革为驱动,确立了"六大抓手"作为重点内容予以部署。

——在加快综合行政执法上率先突破。要以"大综合、一体化"行政执法改革为抓手,全面撬动法治政府建设。强调要推动形成"综合行政执法＋部门专业执法＋联合执法"的执法体系,加快构建全覆盖的整体政府监管体系和全闭环的行政执法体系;推动执法职责、执法力量进一步集中和下沉,全面推进基层"一支队伍管执法"和跨部门跨领域综合执法;加强省市县乡四级全覆盖的行政执法协调监督工作体系建设。

——在加快打造一流法治化营商环境上率先突破。要深入推进"最多跑一次"改革,深化"一件事"集成改革;最大限度削减微观领域管理事务和具体审批事项;推进"无证明化"改革,探索以承诺制为核心的极简审批;健全公平竞争审查机制,加强反垄断和反不正当竞争执法;落实和完善新产业新业态包容审慎监管;健全产权执法司法保护制度;实行知识产权侵权惩罚性赔偿制度;加强行政合同签订和履行监管,建设守信践诺政府;完善营商环境便利度评价体系。

——在加快推进基层社会治理法治化上率先突破。要坚持和发展新时代"枫桥经验",在基层治理法治化上率先突破,加快建设法治社会。强调要坚持把全民普法和守法作为法治浙江建设的长期基础性工作,提高普法工作针对性和实效性;健全党建统领"四治融合"的城乡基层治理体系;加快建成普惠均等、便捷高效、智能精准的现代公共法律服务体系;推动更多法治力量向引导和疏导端用力;推行"县乡一体、条抓块统"高效协同治理模式,推进"最多跑一地"改革,加强县级社会矛盾纠纷调处化解中心规范化建设,加强"基层治理四平台"运行管理和全科网格建设。

——在加快构建省域依法治网体系上率先突破。要完善网络法规规章制度,增强全省涉网法规规章制度的协调性、互补性、系统性;保障公民依法安全用网,健全互联网领域"分业分层监管、联合联动执法"机制,创新完善涉网新型犯罪防范打击机制,加强对网络获利行为监管,推动互联网侵害公益等领域公益诉讼实践,健全杭州互联网法院运行和涉网案件审理机制;推进网络空间社会共治,构建互联网普法工作大格局,分类分批推进互联网信息服务领域信用建设,加强网络文化品牌建设,不断凝聚网络依法治理的社会力量。

——在加快构建规范高效司法监督体系上率先突破。一方面,强调要健全司法权运行相互配合、相互制约、高效协同的体制机制,优化司法职权配置,充分发挥诉讼程序制约作用,健全保障检察权充分行使的制度机制,完善监察监督与司法监督相互配合、相互制约制度机制,健全辩护人、诉讼代理人行使诉讼权利保障机制,提升司法质量、效率和公信力。另一方面,强调要探索执法司法领域一体推进不敢腐、不能腐、不想腐的有效路径,全面落实行政执法责任制和责任追究制度,推动扫黑除恶常态化,组织开展政法队伍教育整顿专项行动,发挥纪检监察机关专责监督作用。

——在加快以数字化牵引法治建设上率先突破。要推进地方立法工作数字化转型,探索运用大数据、互联网、人工智能推进科学立法、民主立法、依法立法;推进政府履职数字化转型,建设集成式的行政执法数字化平台,推广创新"信用＋执法监管"应用场景;推进司法权运行数字化转型,深入实施政法数字化协同工程,探索建设智慧法院、智慧检察、智慧公安、智慧司法、智慧执行;推进社会治理数字化转型,完善普法融媒体平台,加快公共法律服务实体平台、热线平台、网络平台有机融合,健全以"基层治理四平台"为核心的基层治理数字化平台。

第三节　一张蓝图绘到底:法治浙江战略的发展

法治浙江建设率先开启了法治中国建设在省域层面的探索。这些年来浙江深入学习贯彻习近平总书记全面依法治国新理念新思想新战略,坚持一张蓝图绘到底,一任接着一任干。从部署谋划法治浙江到坚定不移实施法治浙江建设,不断取得新成就、提炼新经验、推进新实践;从全面深化法治浙江建设到建设法治中国示范区,浙江正努力成为新时代全面展示中国特色社会主义制度优越性的重要窗口。

一、全面深化法治浙江建设

自《中共浙江省委关于建设"法治浙江"的决定》作出后,顺应时代对浙江发展的新定位、新要求和新机遇,"法治浙江"的内涵不断丰富和完善。2007 年 6 月,浙江省第十二次党代会把建设"法治浙江"纳入"创业富民、创新强省"。从 2009 年开始,浙江省委连续三年进行专题部署,把固本强基作为法治建设的重点,扎实推动执法、司法、普法等各项工作向基层延伸。2012 年 6 月召开的浙江省第十三次党代会将加快建设"法治浙江"列为建设物质富裕精神富有的现代化浙江的六大主要任务之一。2014 年 12 月,浙江省委十三届六次全会审议通过了《中共浙江省委关于全面深化法治浙江建设的决定》,深入贯彻中央关于全面推进依法治国重大决策部署,认真总结法治浙江建设的成功经验,提出了在新的起点上全面深化法治浙江建设的指导思想和目标任务。

(一)指导思想

认真贯彻落实党的十八大和十八届三中、四中全会精神,高举中国特色社会主义伟大旗帜,以马克思列宁主义、毛泽东思想、邓小平理论、"三个代表"重要思想、科学发展观为指导,深入贯彻习近平总书记系列重要讲话精神,坚持党的领导、人民当家作主、依法治国有机统一,坚定不移走中国特色社会主义法治道路,坚持依法治国、依法执政、依法行政共同推进,坚持法治国家、法治政府、法治社会一体建设,实现科学立法、严格执法、公正司法、全民守法,促进治理体系和治理能力现代化,为深入实施"八八战略",干好"一三五"、实现"四翻番",建设物质富裕精神富有的现代化浙江和建设美丽浙江、创造美好生活提供有力的法治保障。

(二)建设目标

总目标是在全面推进依法治国、建设中国特色社会主义法治体系、建设社会主义法治国家进程中继续走在前列。要认真落实形成完备的法律规范体系、高效的法治实施体系、严密的法治监督体系、有力的法治保障体系和形成完善的党内法规体系的要求,全面提升全省经济建设、政治建设、文化建设、社会建设、生态文明建设以及党的建设的法治化水平,到2020年,力争在六个方面走在前列。

——紧紧围绕依宪执政、依法执政,在社会主义民主政治建设方面走在前列。人民代表大会制度、中国共产党领导的多党合作和政治协商制度、民族区域自治制度、基层群众自治制度进一步巩固和完善。各级党组织和党员干部带头遵守宪法法律,以法治思维和法治方式推动改革发展的能力明显增强。基本形成省委党内法规制度体系。

——紧紧围绕科学立法,在健全地方法规规章方面走在前列。遵循法定程序,完善立法体制机制,推进科学立法、民主立法,统筹推进法规规章制定、评估、清理、修改、废止、解释等各项工作,形成更加完备的与法律、行政法规相配套,与经济社会发展要求相适应,具有浙江特色的地方法规规章体系。

——紧紧围绕严格执法,在建设法治政府方面走在前列。各级政府依法全面履行职能,严格规范公正文明执法效果得到社会公认,依法行政水平明显提高,率先基本建成职能科学、权责法定、执法严明、公开公正、廉洁高效、守法诚信的法治政府。

——紧紧围绕公正司法,在推进司法体制机制改革方面走在前列。加快完成司法体制机制改革的各项任务,基本形成科学合理的司法管理体制和规范高效的司法权力运行机制。司法机关依法独立公正行使职权,司法公信力显著提升。

——紧紧围绕全民守法,在提升全民法治意识和法律素养方面走在前列。社会主义法治精神深入人心,社会主义核心价值观和当代浙江人共同价值观得到普遍认同,全社会尊崇宪法、遵守法律、信仰法治的氛围基本形成。

——紧紧围绕法治人才保障,在打造一支政治强、业务精、作风正、敢担当的社会主义法治工作队伍方面走在前列。思想政治建设不断加强,优势互补、结构合理的法治专门队伍和法律服务队伍、法学专家队伍等不断壮大,法治人才培养交流机制不断完善。

二、"六个浙江"和"两个高水平"中的法治浙江

(一)法治浙江是"六个浙江"建设的重要组成部分及政治文明建设的总抓手

2017年6月12日,中共浙江省第十四次代表大会隆重开幕。车俊同志代表中共浙江省第十三届委员会向大会作《坚定不移沿着"八八战略"指引的路子走下去,高水平谱写实现"两个一百年"奋斗目标的浙江篇章》的报告,提出了"统筹推进富强浙江、法治浙江、文化浙江、平安浙江、美丽浙江、清廉浙江"的"六个浙江"建设任务。"六个浙江"建设分别对应经济建设、政治建设、文化建设、社会建设、生态文明建设和党的建设,从这一基本逻辑可以发现,

法治浙江建设是浙江政治建设领域的总抓手。

具体而言,是要在提升各领域法治化水平上更进一步、更快一步。人民代表大会制度优势进一步发挥,政协履职作用进一步显现,社会主义协商民主广泛多层制度化发展,地方立法有力保障经济社会发展,法治政府基本建成,法治监督更加有效,执法更加公正规范,司法质量、效率和公信力显著提升,省级党内法规制度体系基本形成,各级领导干部运用法治思维方式推动工作的能力不断提高,人民群众的合法权益得到切实保护。

(二)法治浙江是"两个高水平"建设的保障引领

2017 年 11 月 9 日,中共浙江省第十四届委员会第二次全体会议通过《关于高举习近平新时代中国特色社会主义思想伟大旗帜奋力推进"两个高水平"建设的决定》。该决定根据党的十九大精神提出,从 2020 年到 2035 年,在高水平全面建成小康社会的基础上,再奋斗 15 年,大幅提升各领域法治化水平,全面建成包括法治浙江在内的"六个浙江",高水平完成基本实现社会主义现代化的目标。"两个高水平"奋斗目标和总体部署,是贯彻落实习近平新时代中国特色社会主义思想的实际行动,是满足全省人民日益增长的美好生活需要的目标追求,是浙江在"强起来"历史进程中继续走在前列的责任担当。

法治浙江为高水平完成基本实现社会主义现代化的目标提供法治保障和引领。这就要求:统筹推进科学立法、严格执法、公正司法、全民守法,努力在建设中国特色社会主义法治体系中走在前列;更好发挥省委建设法治浙江工作领导小组作用,切实加强对法治浙江建设的统一领导;推进科学立法、民主立法、依法立法,扎实抓好地方法规规章立改废释各项工作,以良法促进发展、保障善治。深化法治政府建设，制订实施政府自身建设行动计划，不断提高行政质量、效率和政府能力、公信力；全面落实中央深化司法体制综合配套改革任务，强化司法责任制，努力让人民群众在每一个司法案件中感受到公平正义；推进社会主义法治文化建设，构建社会"大普法"工作格局，完善公共法律服务体系，促进全社会尊法学法守法用法。

（三）法治浙江是"两个高水平"建设的主要内容

——完善党的领导方式和执政方式。发挥党总揽全局、协调各方的领导核心作用，支持和保证同级人大、政府、政协和监察机关、审判机关、检察机关依法依章程独立负责、协调一致地开展工作。加强和改善党对政法工作的领导，坚持总体国家安全观，切实履行好政法战线维护社会大局稳定、促进社会公平正义、保障人民安居乐业的职责使命。加强和改进党对工青妇等群团组织的领导，不断增强群团工作和群团组织的政治性、先进性、群众性。坚决贯彻军民深度融合发展战略，充分挖掘优势，力争走在前列。大力支持驻浙部队改革和全面停止有偿服务，认真做好国防动员、国防教育、人民防空、双拥和优抚安置等工作。

——在国家政治生活和社会生活中落实人民当家作主。与时俱进推进人民代表大会制度的生动实践，统筹推进各级人大工作和建设，充分发挥人民代表大会制度的根本政治制度作用。坚持和完善中国共产党领导的多党合作和政治协商制度，支持人民政协积极履行政治协商、民主监督、参政议政职能，推动协商民主广泛多层制度化发展。完善基层党组织领导的充满活力的基层群众自治机制，坚持和发展"后陈经验"，健全企事业单位民主管理制度，实现政府管理和基层民主良性互动。

——统筹推进科学立法、严格执法、公正司法、全民守法。加强和改进党委对立法工作的领导,发挥人大立法主导作用,加强重点领域立法特别是社会治理立法,切实提高立法质量和效用。全面推进依法行政,坚持严格规范公正文明执法,加强行政执法监督和问责机制建设。依法治理网络空间,切实维护网络安全。全面落实司法体制改革各项措施,优化司法职权配置,让人民群众在每一个司法案件中都感受到公平正义。加强社会主义法治教育,大力发展法律服务业,健全社会"大普法"工作格局,在全社会形成办事依法、遇事找法、解决问题用法、化解矛盾靠法的良好氛围,不断丰富依法治国与以德治国相结合的实践。

——积极用好统一战线法宝,画出最大同心圆。牢牢把握大团结大联合主题,支持各民主党派、工商联和无党派人士积极发挥作用,加强与党外人士的团结合作。坚持和完善民族区域自治制度,支持畲族自治县和民族乡加快发展,探索城市少数民族流动人口服务管理创新。全面贯彻党的宗教工作基本方针,切实加强对宗教事务的依法管理,引导宗教与社会主义社会相适应。加强党外知识分子、港澳台统战和侨务工作,做好新的社会阶层人士统战工作,促进非公有制经济健康发展和非公有制经济人士健康成长,不断巩固和发展最广泛的爱国统一战线。认真做好对台工作,积极促进浙台经济社会融合发展。

三、法治为基:省域治理现代化与法治中国示范区

2019 年 11 月,中共浙江省第十四届委员会第六次全体会议审议通过了《中共浙江省委关于认真学习贯彻党的十九届四中全会精神,高水平推进省域治理现代化的决定》,践行中国特色社会主义制度、推进省域治理现代化的行动纲领,要义是把"中国之治"的

制度优势转化为"走在前列"的治理效能。2020 年春,习近平总书记到浙江考察调研并发表重要讲话,赋予了浙江"努力成为新时代全面展示中国特色社会主义制度优越性的重要窗口"的新目标新定位。在新的发展阶段,浙江省委深化法治浙江建设,锚定了建设法治中国示范区的目标,决心努力打造法治中国的"重要窗口"。

(一)法治浙江是形成现代法治体系、实现省域治理现代化的基石

从治理方式看,法治是治国理政的基本方式,必须坚定不移走中国特色社会主义法治道路,高水平推进法治浙江建设,科学立法、严格执法、公正司法、全民守法,强化数字化对法治现代化的支撑,形成与数字时代相适应的现代法治体系。

——完善地方立法体制机制。完善党委领导、人大主导、政府依托、各方参与的立法工作格局,健全科学立法、民主立法、依法立法的机制和程序,利用数字化手段扩大立法公众参与,扎实抓好地方法规规章立改废释。全面落实"高质量立法、惠民立法、环保立法、弘德立法、协同立法"新理念,高水平推进重点领域立法,实现立法与改革决策有机高效衔接,以良法促进发展、保障善治。加强省人大对设区市立法工作的审查和指导,完善设区市立法工作机制,提高设区市立法能力和水平。健全地方性法规、政府规章和行政规范性文件备案审查机制。大力加强立法人才队伍建设。

——构建优化协同高效的依法行政体制。深化机关效能建设,强化部门协调配合,深入推进简政放权、放管结合、优化服务,加快全面实现个人和企业全生命周期"一件事"全流程"最多跑一次"、机关内部"最多跑一次"。优化行政决策、行政执行、行政组织、行政监督体制,严格落实重大行政决策法定程序。深化综合行政执法体制改革,完成全省综合行政执法事项、执法力量整合,完善执法联动机制,严格规范公正文明执法,规范执法自由裁量权,加大关系群众切身利益的重点领域执法力度。进一步完善政府权力清单和责任清单,严格执行部门"三定"规定,推进机构、职能、权限、程序、责任法定化,创新统筹利用行政管理资源的机制和方法。深化事业单位改革,推进事业单位清理规范整合,优化布局结构,提高服务能力和水平。探索推行扁平化的行政管理体制,完善省管县体制机制,提高中心城市统筹资源配置能力,有序稳妥推动中心城市行政区划调整,开展嘉兴强化市域统筹、推进市域一体化改革试点。积极稳妥推进镇村规模调整,完善强村赋能、强镇扩权体制机制,推进片区组团发展,畅通特大村培育小城镇、特大镇和经济功能区培育小城市的渠道。

——深入推进政府数字化转型。将数字化变革性力量融入法治政府建设之中,推进职能重塑、流程再造、业务协同、效能提升,促进政务公开,提高依法行政水平,以政府数字化转型带动各领域数字化转型。健全全省统一、线上线下融合的政务服务体系,拓展完善"浙里办"功能,迭代完善"浙政钉"和咨询投诉举报平台,加快建成"掌上办事之省""掌上办公之省",全面实现"一网通办"。加大党政机关、公共服务组织、金融机构等信息系统整合力度,在省公共数据平台上构建全省统一的省域治理专题数据库、自然资源和地理空间信息库。拓展深化经济调节、市场监管、公共服务、社会治理、环境保护、政府运行等领域数字化应用,强化基础性支撑,加快形成即时感知、高效运行、科学决策、主动服务、智能监管的新型治理形态。积极推进"城市大脑"建设,提高城市治理智能化、精细化水平。加强与全国一体化政务服务平台、长三角"一网通办"平台的衔接贯通,提高跨区域数据共享和数字化治理水平。积极探索建立运用互联网、大数据、人工智能、区块链等技术手段进行行政管理的制度规则。

——健全社会公平正义法治保障制度。深化司法体制综合配套改革，探索构建立体化、多元化、精细化的诉讼程序体系，完善"分调裁审"工作制度，建立执行难综合治理工作机制，加强刑罚执行一体化建设。充分运用司法大数据资源，全面深化智慧法院建设，推进移动微法院迭代升级，推行"指尖诉讼、掌上办案"。全面落实司法责任制，完善司法权力运行管理监督机制，切实防止冤假错案，提高司法质量、效率和公信力。加强对法律实施的监督，完善刑事、民事、行政、公益诉讼等监督体系。构建社会"大普法"格局，强化领导干部带头尊法学法守法用法，完善领导班子和领导干部述法制度，建设现代公共法律服务体系，引导全社会办事依法、遇事找法、解决问题用法、化解矛盾靠法。推进社会主义法治文化建设，不断丰富依法治国和以德治国相结合的实践，夯实法治社会的基础，让法治信仰根植人民心中，让广大干部群众自觉做宪法法律的忠实崇尚者、自觉遵守者、坚定捍卫者。

（二）法治浙江是学思践悟习近平法治思想，努力建设法治中国示范区的落脚点

2020 年 12 月 14 日，浙江省委全面依法治省委员会召开第三次会议，审议并原则通过了《法治浙江建设规划（2021—2025 年）》等文件，对 2021 年及今后一个时期的法治浙江建设进行谋划部署。省委书记、省委全面依法治省委员会主任袁家军充分肯定了这些年法治浙江建设取得的重大阶段性成果，强调面对新阶段新形势，必须与时俱进深化法治化改革，指出要以更高的政治觉悟、更强的责任担当、更大的信心决心，学深悟透习近平法治思想，与时俱进深化法治化改革,到 2035 年建成法治政府、法治社会,建成与省域治理现代化、高水平整体智治体系相适应的法治浙江,建成法治中国示范区,奋力打造"重要窗口"。

——要推进党的领导法治化,为法治建设提供最根本保证。落实依宪执政、依法执政、依规治党,全面推进尊规学规守规用规,推进党的全面领导入法入规入章程。完善政绩考核制度,把党政主要负责人法治建设第一责任人职责压紧压实。加强法治建设问责力度,推进法治建设内容纳入巡视巡察,加强法治督察与纪检监察的衔接联动。加强重大决策法治化改革,健全重大政策事前评估和事后评价制度,加强重大政策调整的公开听证。

——要推进权力运行法治化,落实法治建设价值追求。以"大综合、一体化"综合行政执法改革为抓手,全面撬动法治政府建设,加快构建全覆盖的政府监管体系和全闭环的综合执法体系。纵深推进司法体制改革,健全以司法责任制为核心的司法权运行体系,统一执法司法标准,加强监督制约体系建设,提升司法质量、效率和公信力。擦亮"基层治理四平台"品牌,全面落实基层"一支队伍管执法"改革,推进乡镇(街道)合法性审查工作全覆盖,提高基层工作法治化水平。

——要推进营商环境法治化,激发法治建设内生动力。加强重点领域、新兴领域立法,推进立法决策与改革决策有机衔接,加强公平竞争审查,全面清理制度壁垒。实施统一的市场准入负面清单制度,实施涉企经营许可事项清单制度,持续整治变相设置许可事项行为,推进资源要素市场化配置,推动畅通双循环,构建新格局。全面落实"按标监管、随机抽查"的一次到位机制,对新产业新业态实施包容审慎监管,加强产权执法司法保护。深化个人和企业全生命周期"一件事"全流程"最多跑一次"、机关内部"最多跑一次",建设守信践诺政府,着力打造办事效率最高、投资环境最优、群众和企业获得感最强的省份。

——要推进社会治理法治化,营造法治建设良好氛围。坚持和发扬新时代"枫桥经验",坚持自治、法治、德治、智治相结合,建设人人有责、人人尽责、人人享有的社会治理共同体。推进县级矛调中心规范化建设,加强各级各类调解组织建设,着力构建分层过滤、衔接配套的纠纷解决体系,推动全省信访量、万人成讼率实现逐年下降。纵深推进社会大普法格局,建设智能精准的公共法律服务体系,推进普法守法与依法治理深度融合,加强公共信用体系建设,营造人人尊法、学法、守法、用法的社会氛围。率先构建依法治网新体系,加强网络领域法规制度建设,完善政府依法监管、网站自净、社会监督、网民自律等多主体协同参与的网络治理新体制,创新完善涉网新型犯罪防范打击机制,努力把浙江省建设成为互联网依法治理的首善之区。

◆◆ 本章小结

"法治浙江"思想源自实践创新与理论创新的良性互动;其内在要求推进社会治理法治化,维护人民群众的根本利益,确保社会长治久安。法治浙江实践的展开集中体现为区域先行法治化,即在遵循国家法治发展的总体方向的前提下,适应特定空间范围内的区域发展的现实需求,建构有机协调的区域法治秩序,推动区域发展的法治进程。党的十八大以来,"法治浙江"作为现代化浙江建设总体布局的重要组成部分愈发凸显。党的十九大报告指出"全面依法治国是国家治理的一场深刻革命",从推进国家治理体系和治理能力现代化的高度,进一步拓展提升了"法治浙江"内涵深化的空间,形成了体系化、多层次、有重点的科学内涵。随着浙江不断顺应时代发展所带来的新要求和新机遇,"法治浙江"的内涵与省域治理现代化相结合不断地深化和完善,在习近平法治思想的指引下向建设法治中国示范区的目标不断迈进。

◆◆ 思考题

1.作为法治浙江具体表现和实现手段的区域先行法治化,有哪些制度基础、理论依据和现实条件?

2.法治浙江建设与省域治理现代化的联系表现在哪些方面?

3.请结合你所感受到的最新社会经济发展,谈谈区域法治建设所起到的作用和你对法治中国示范区建设的展望。

◆◆ 拓展阅读

1.习近平.之江新语[M].杭州:浙江人民出版社,2007.

2.张文显.变革时代区域法治发展的基本共识[J].法制现代化研究,2013(1):27-29.

3.陈柳裕,王坤,汪江连.论地方法治的可能性——以"法治浙江"战略为例[J].浙江社会科学,2006(2):80-83.

4.胡虎林.法治指数量化评估的探索与思考——以杭州市余杭区为例[J].法治研究,2012(10):101-107.

坚持全面依法治国,是中国特色社会主义国家制度和国家治理体系的显著优势。中国特色社会主义实践向前推进一步,法治建设就要跟进一步。实践证明,通过宪法法律确认和巩固国家根本制度、基本制度、重要制度,并运用国家强制力保证实施,保障了国家治理体系的系统性、规范性、协调性、稳定性。

——摘自习近平在中央全面依法治国委员会第三次会议上的讲话①

第二章　从法治浙江到法治中国

◆◆ **本章要点**

1. 习近平同志在推进"法治浙江"建设过程中对法治问题的深入思考,不仅为"法治浙江"实践的不断深化提供了重要的思想指导,而且为探索形成具有深邃思想内涵、严谨理论品格、鲜明时代特征、务实实践导向的习近平法治思想提供了理论和实践基础。

2. 习近平同志在浙江工作期间作出的建设"法治浙江"的决策部署,开启了省域层面贯彻落实依法治国基本方略的创新实践,为推进社会主义法治国家建设作出了有益的地方探索。

---

① 习近平.推进全面依法治国,发挥法治在国家治理体系和治理能力现代化中的积极作用[J].求是,2020(22):4.

第一节　法治浙江：全面依法治国思想的萌发与地方性实践

在党的十九届五中全会胜利召开后不久，中央召开全面依法治国工作会议，会议系统阐述了习近平法治思想，对新发展阶段推进全面依法治国进行了新的全面部署。这充分体现了以习近平同志为核心的党中央重视法治、厉行法治、维护法治的决心和担当。习近平法治思想，凝结着我国近代以来百余年无数仁人志士的艰辛探索，凝结着改革开放以来法治建设的成功实践，极大丰富和发展了中国特色社会主义法治道路，是马克思主义法治理论在21世纪的伟大飞跃，是新发展阶段深化依法治国实践、建设法治中国的行动指南和根本遵循。

如前所述，浙江是习近平新时代中国特色社会主义思想的重要萌发地，是法治中国建设的重要实践地。在习近平同志的主持和提议下，浙江省委作出建设法治浙江的重大决策，率先开启了法治中国建设在省域层面的探索。探索在地方、规范在中央，是我国改革开放的一条成功经验，也是中国共产党人治国理政总体方法论的体现，从"法治浙江"到"法治中国"，人们可以清晰地看到一条逻辑延伸线。如果说"法治中国"是建设社会主义法治国家的壮美史诗，那么"法治浙江"就是"法治中国"的地方性探索实践，是建设社会主义法治国家的序曲。

一、擘画蓝图：建设"法治浙江"的决策部署

1997年，党的十五大正式提出了"依法治国，建设社会主义法治国家"的政治发展目标，会议指出："依法治国，是党领导人民治

理国家的基本方略,是发展社会主义市场经济的客观需要,是社会文明进步的客观标志,是国家长治久安的重要保障。"①1999 年 3 月,全国人大九届二次会议正式将"依法治国,建设社会主义法治国家"载入宪法,标志着我国社会主义民主法治建设进入一个新阶段。根据中央的决策部署,浙江省委开始着力推进依法治省各项工作,把实行依法治省作为贯彻落实中央提出的"依法治国,建设社会主义法治国家"方针的坚实步骤,作为加强社会主义精神文明建设的重要保证。此后的六七年时间里,浙江省依法治省各项工作取得了许多进展和成绩,为后续思考和谋划"法治浙江"建设提供了丰富的经验、素材和宏大的可能性空间。②

2003 年 2 月至 2007 年 3 月,正是浙江发展方式的转变期、体制改革的攻坚期、开放形态的提升期、社会结构的转型期和社会矛盾的凸显期。历史经验和国际研究表明,人均 GDP 达到 3000 美元往往会成为一个国家或地区发展的分水岭,在向高收入国家或地区行列迈进时,其经济社会的发展往往存在较大变数。浙江作为全国第一个人均 GDP 过 3000 美元的省份(不含直辖市)无疑面临着前所未有的经济社会转型升级压力。为跨越这道"分水岭",防止落入"中等收入陷阱",习近平同志明确提出"发展不能再走老路"③,必须探索地区治理的新道路、新方式,于是形成了"法治浙江"的战略思维和定力。④ 2002 年 11 月,浙江省委着眼于新发展

① 江泽民.高举邓小平理论伟大旗帜,把建设有中国特色社会主义事业全面推向二十一世纪[M].北京:人民出版社,1997:34.

② 徐邦友.从"法治浙江"到"法治中国"——习近平法治建设的心路历程[J].中共杭州市委党校学报,2019(1):15.

③ 习近平.之江新语[M].杭州:浙江人民出版社,2007:116.

④ 董瑛.从"法治浙江"到"法治中国"[J].浙江社会科学,2016(1):10.

道路,进行了大量的调查研究,广泛听取群众、干部、党内外人士的意见,集中全省的智慧,并于 2003 年 7 月举行的浙江省委第十一届四次全体(扩大)会议上正式提出"进一步发挥八个方面优势,推进八个方面举措"的总体发展思路,即著名的"八八战略"。其中指出:加强立法和法律监督工作,营造依法行政、严格执法、公正司法的法治环境;整顿和规范市场经济秩序,加快建设"信用浙江";推进机关效能建设,着力构建服务型政府。[①]

2004 年,浙江省委作出了关于建设"平安浙江"的决定,把建设"平安浙江",创造和谐稳定社会环境,作为深入实施"八八战略"的题中应有之义。"平安浙江"的"平安",不是仅指社会治安或安全生产的狭义的"平安",而是涵盖了经济、政治、文化和社会各方面宽领域、大范围、多层面的广义"平安"。[②] 在此基础上,浙江省委进一步着眼于浙江省的法治建设,从法治的高度构建保证"八八战略"实施、保证"平安浙江"建设的宏大制度框架。[③] 2005 年上半年,浙江省委连续开展了有关"法治浙江"建设的重点调研课题,并于 2005 年 9 月通过了"法治浙江"建设工作前期方案。2005 年 11 月 6 日,浙江省委在《关于制定浙江省国民经济和社会发展第十一个五年规划的建议》中明确提出,以推进"法治浙江"建设为载体,努力建设民主健全、法治完备、公共权力运行规范、公民权利切实

---

①　习近平.干在实处 走在前列——推进浙江新发展的思考与实践[M].北京:中共中央党校出版社,2006:72.

②　习近平.之江新语[M].杭州:浙江人民出版社,2007:119.

③　徐邦友.从"法治浙江"到"法治中国"——习近平法治建设的心路历程[J].中共杭州市委党校学报,2019(1):11.

保障的法治社会。①

　　随着依法治省实践的不断推进和法治建设理性思考的不断深入，浙江省委从浙江的实际情况出发，呼应浙江全省人民对和谐社会的憧憬向往，在持续深入实施"八八战略"、全面建设"平安浙江"、加快建设文化大省、加强党的执政能力建设和先进性建设等重大决策之后，于 2006 年 4 月 26 日在中共浙江省委十一届十次全会上通过了《中共浙江省委关于建设"法治浙江"的决定》。这是一个影响浙江未来长期发展的重大决定，明确提出了建设"法治浙江"的总体要求、基本原则和主要任务，并且对"法治浙江"建设的各项工作进行了总体部署和具体安排。该决定指出："建设'法治浙江'是建设社会主义法治国家在浙江的具体实践，是依法治省的深化和发展"；加快建设"法治浙江"，"对我省加快全面建设小康社会、提前基本实现现代化，具有十分重大的战略意义"。② 全会系统回答了"法治浙江"建设何以必要和如何可能等一系列重大问题，全面阐述了建设"法治浙江"的重大意义，准确厘清了"法治浙江"与"依法治省"之间的逻辑关系，实事求是地分析了推进"法治浙江"建设的基础和条件，指出："依法治省的不断推进、社会主义市场经济体制的不断完善为建设'法治浙江'奠定了扎实基础，'八八战略'的深入实施、综合实力的显著增强为建设'法治浙江'提供了物质基础，建设'平安浙江'的成效为建设'法治浙江'创造了良好的社会基础，加快建设文化大省的实践为建设'法治浙江'开拓了

---

　　① 中共浙江省委.关于制定浙江省国民经济和社会发展第十一个五年规划的建议[EB/OL].（2005-11-14）[2022-04-01]. http://www.gov.cn/ztzl/2005-11/14/content_98019.htm.

　　② 中共浙江省委.中共浙江省委关于建设"法治浙江"的决定[J].浙江人大,2006（5）:6.

动力源泉,加强党的执政能力建设和开展先进性教育活动为建设'法治浙江'提供了坚强有力的政治保证。"①此后,浙江省委与各界干部群众围绕"法治浙江"建设这一全新命题,从不同视角对"法治浙江"方方面面的具体工作展开热烈的理论研讨和实践探索,产生了许多全新论断和共识,如"市场经济必然是法治经济","和谐社会本质上是法治社会","弘扬法治精神,形成法治风尚","坚持法治与德治并举","党的领导是法治的根本保证",等等。②

二、提纲挈领:建设"法治浙江"的实践历程

从"依法治省"到"法治浙江"的"转型升级",是浙江省委把握中央科学发展要求,顺应人类社会发展大势,探索治国理政法治道路的全新尝试,开始了"法治中国"在省域层面的具体实践。③ 具体包括以下七个方面。④

第一,坚持党的领导,建立"一把手"负总责的法治浙江建设领导体制机制。加强党的政治、思想和组织领导始终是贯穿于法治浙江建设全过程的主线。2006 年 4 月,浙江省委十一届十次全会召开,会议明确指出"党的领导是社会主义法治的根本保证",要求法治浙江建设"必须旗帜鲜明地坚持党的领导,在党的领导下发展社会主义民主、建设社会主义法治"。⑤ 坚持和改善党的领导对推进法治建设具有全局性的作用,是法治浙江建设的根本保证。为

① 习近平.干在实处 走在前列——推进浙江新发展的思考与实践[M].北京:中共中央党校出版社,2006:356.

② 习近平.之江新语[M].杭州:浙江人民出版社,2007:203-207.

③ 董瑛.从"法治浙江"到"法治中国"[J].浙江社会科学,2016(1):10.

④ 中共浙江省委.中共浙江省委关于全面深化法治浙江建设的决定[N].浙江日报,2014-12-15(1).

⑤ 浙江省中国特色社会主义理论体系研究中心.习近平的法治思维方法在浙江的探索与实践[N].浙江日报,2021-03-26(3).

推动法治浙江建设,浙江省按照党委总揽全局、协调各方的原则,大力推进依法执政,健全党内民主制度,完善依法决策机制,加强和改进人大和政协工作,支持各级政府依法行政,加强对政法工作的领导,把党的领导贯彻到法治浙江建设的全过程和各方面。2006年5月,浙江省委成立了建设"法治浙江"工作领导小组,形成党委统一领导,人大、政府、政协各负其责,部门协同推进,人民群众广泛参与的法治建设工作格局。省委建设"法治浙江"工作领导小组以省委书记为组长,定期组织研究解决法治建设中的重大问题和突出问题,领导小组负责指导、协调法治浙江建设各项工作,为全面落实法治浙江建设各项任务提供了强有力的组织保障。浙江省各级党委书记都担任了同级法治建设工作领导小组组长,全省上下"一把手抓、抓一把手",明确工作重点,落实工作责任,开展法治创建活动,统筹推进法治浙江建设各项工作。

第二,坚持法治为民,切实维护社会公平正义。"坚持以人为本"是法治工作的价值坐标,是法治浙江建设的基本原则。2006年4月,中共浙江省委十一届十次全会召开,会议强调要"依法逐步建立以权利公平、机会公平、规则公正、分配公平为主要内容的社会公平保障体系"①,"这是我们党全心全意为人民服务的根本宗旨和立党为公、执政为民的本质要求在法治上的体现"②。浙江省始终把维护公平正义、保障人民根本权益作为制度安排、法规制定和各项工作的出发点和落脚点,围绕维护人民群众根本利益,解决人民群众最关心的问题,使"法治浙江"建设一开始就惠及群众,让群众

---

① 中共浙江省委.中共浙江省委关于建设"法治浙江"的决定[J].浙江人大,2006(5):10.

② 浙江省中国特色社会主义理论体系研究中心.习近平的法治思维方法在浙江的探索与实践[N].浙江日报,2021-03-26(3).

感受到实际效果。① 围绕推进基本公共服务均等化,大力实施公民权益依法保障行动计划,强化法治便民利民惠民措施,健全覆盖城乡居民的公共服务体系。推进司法体制机制改革,实施"阳光司法"工程,强化法律监督,坚决纠正冤假错案,建立健全防止错案制度机制,以司法公正促进社会公正。2003 年,浙江在全国率先实施省、市、县领导干部下访律师随同制度,全面推行政府法律顾问、公职律师、社会律师参与政府重大决策等工作,妥善协调各方面的利益关系,拓宽利益诉求表达渠道,加强法律服务、法律援助和司法救助,切实维护群众合法权益。

第三,坚持服务中心,在法治轨道上谋划和推进改革发展各项工作。立法、执法、司法之中有政治,必须从讲政治的角度来想大局、谋大局、服务大局。"法治浙江"建设是涉及立法、执法、司法、守法方方面面的系统性工程,必须正确处理好服务大局与严格依法履行职责的关系,正确处理全局利益与局部利益的关系,正确处理执法的法律效果与社会效果之间的关系,追求法律效果与社会效果的统一,防止不顾大局孤立执法、机械执法。在法治轨道上谋划和推进经济社会改革发展各项工作时,必须坚持服务中心,始终注重利用法治手段和法治力量克难攻坚、维护社会和谐稳定。② 在"法治浙江"建设中,浙江省始终坚持运用法治思维方式,围绕深入实施"八八战略",围绕实施"四大国家战略举措"和打好"三改一拆""五水共治"等转型升级"组合拳",把法治建设与深化改革、推动发展紧密结合起来,统筹推进立法、执法、司法、普法工作,充分

---

① 浙江省中国特色社会主义理论体系研究中心.习近平的法治思维方法在浙江的探索与实践[N].浙江日报,2021-03-26(3).

② 浙江省中国特色社会主义理论体系研究中心.习近平的法治思维方法在浙江的探索与实践[N].浙江日报,2021-03-26(4).

发挥法治的调节、促进、规范作用。坚持市场取向改革,转变政府职能,深化行政审批制度改革,推进行政执法规范化,率先开展"四张清单一张网"建设,更多地运用法律手段调节经济关系、规范经济行为,依法维护各类市场主体的合法权益,为多种所有制经济共同发展营造良好法治环境。

第四,着力构建规范市场、监督权力的法治体系。浙江作为我国改革开放和市场经济的先发之地,在法治体系建构上同样"走在前列"。基于治理方式转型、体制机制改革、社会结构变化、民主权利保障等浙江省经济社会发展提出的新要求,浙江省委深入全省40多个乡村、社区和单位进行专题调研,形成了"市场经济必然是法治经济""和谐社会本质上是法治社会"①等"法治浙江"建设中的重大理论认识,围绕建立完善具有浙江特色的规范市场、监督权力的地方性法治体系,从制度上明晰政府、市场、社会的权限边界和法律关系,逐步把经济、政治、文化和社会生活纳入法治轨道。其间,浙江修订了《浙江省地方立法条例》,出台了《浙江省农民专业合作社条例》《浙江省促进中小企业发展条例》等100多件地方法规规章,进行了两次大规模的地方性法规清理工作,使企业成为真正的市场竞争主体;率先进行了行政审批制度改革,建立政务公开办事大厅,实行一个窗口对外、一条龙服务,建设服务型、法治型政府。②

第五,坚持发挥法治引领和保障作用,不断提升平安浙江建设水平。2004年初,浙江省委作出了建设"平安浙江"的重大战略决策。"平安浙江"建设与"法治浙江"建设获得同步全面深入推进,

---

① 习近平.之江新语[M].杭州:浙江人民出版社,2007:203-204.
② 董瑛.从"法治浙江"到"法治中国"[J].浙江社会科学,2016(1):11.

前者以后者为引领与保障,后者确保前者沿着法治轨道行稳致远。"法治浙江"建设是"平安浙江"建设的重要内容。国泰民安法为本,"平安浙江"建设战略实施之初目标定位于,"促进浙江经济、政治、文化协调发展和社会和谐稳定","现代政治文明发展的一个重要成果就是法治,就是用法律来规范各个社会主体的行为"。①2004年,"平安浙江"建设开局之年,浙江就在全国率先建立乡镇(街道)综治工作中心,此后综治工作机制不断健全完善,综治工作中心现已全部"转型升级"为"社会服务管理中心",后者有效整合综治、司法行政、信访、警务、安全生产等公共资源。其间,社会组织和群众成为"平安浙江"建设的重要参与力量,浙江社会组织获得了健康有序发展,群众依法通过社会组织实行自我管理、自我服务的能力不断提高,浙江社会治理方式不断创新,德治、法治、自治相结合的基层治理机制进一步健全。随着"法治浙江"建设的不断推进和公共法律服务的全面覆盖,浙江逐步建立起系统治理、依法治理、综合治理、源头治理的社会治理体系,"办事依法、遇事找法、解决问题用法、化解矛盾靠法"逐渐成为人们的自觉选择②。"平安浙江"建设最重要的经验在于,"坚持发挥法治的引领和保障作用,不断提升平安浙江建设水平。法治是平安建设的重要保障,平安是法治建设的重要目标"③。

第六,坚持法治和德治相结合,发挥法律的规范作用和道德的教化作用。2006年4月,习近平同志在中共浙江省委十一届十次

---

① 习近平.建设"平安浙江"构建和谐社会[J].领导科学,2007(6):5.

② 朱海兵.平安中国的先行样本——建设平安浙江10周年回眸[N].浙江日报,2014-03-31(1).

③ 中共浙江省委关于全面深化法治浙江建设的决定[N].浙江日报,2014-12-15(1).

全会上指出："法律与道德，历来是建立公序良俗、和谐稳定社会的两个保障。法治和德治，如车之双轮、鸟之两翼，一个靠国家机器的强制和威严，一个靠人们的内心信念和社会舆论，各自起着不可替代而相辅相成、相得益彰的作用，其目的都是要达到调节社会关系、维护社会稳定的作用，保障社会的健康和正常运行。"[①]"法治浙江"建设，坚持一手抓法治、一手抓德治，倡导社会主义核心价值观，弘扬与时俱进的浙江精神，践行当代浙江人共同价值观。开展精神文明创建活动，开展"最美"现象系列活动，树立道德模范，继承优秀传统文化，增强法治建设的道德底蕴。不仅如此，"法治浙江"还特别关注全民法治观念的增强，浙江省按照省委、省政府的决策部署，切实抓好法治宣传教育工作，深入开展"法律六进"（法律进机关、进乡村、进社区、进学校、进企业、进单位）等法治宣传教育活动，推进领导干部学法用法，弘扬法治精神，建设法治文化，培育公民的法治意识和法治信仰，促进法治和德治相得益彰。

第七，坚持创新发展"枫桥经验"，夯实法治建设的基层基础。"法治浙江"充分展现了基层法治的成绩，许多工作走在全国前列，并成为全国其他地方学习的样本。"枫桥经验"是全国政法综治战线的一面旗帜。2003 年，在浙江纪念毛泽东批示"枫桥经验"40 周年大会上，习近平同志明确提出，要充分珍惜"枫桥经验"，大力推广"枫桥经验"，不断创新"枫桥经验"，切实维护社会稳定。[②]《中共浙江省委关于建设"法治浙江"的决定》做出总结、推广和创新"枫桥经验"的决策部署，要求建立健全矛盾纠纷疏导化解机制、打防

---

① 浙江省中国特色社会主义理论体系研究中心.习近平的法治思维方法在浙江的探索与实践[N].浙江日报,2021-03-26(3).

② 陈冀平.努力做好新时代"枫桥经验"理论总结和课题研究工作[N].法制日报·法学院,2018-02-14(1).

控一体化工作机制和基层管理服务机制,完善社会治安综合治理的方法和途径,积极推进综治网络建设,把综治工作覆盖到全社会。[1] 多年来,浙江省始终把新时期"枫桥经验"作为"法治浙江"建设的重要载体,以法治精神丰富和发展"枫桥经验",不断放大"枫桥经验"效应。加强基层社会治理创新,深化基层组织和部门、行业依法治理,推广村(居)务监督委员会制度、"网格化管理、组团式服务"、和谐劳动关系构建、民主恳谈等基层治理形式。健全"大调解"工作体系,构建基层多元化纠纷解决机制,不断健全完善传统人民调解组织,创造了"和事佬""老娘舅"等一批群众喜爱的品牌人民调解模式,把矛盾化解在基层、在当地。积极探索基层法治建设载体,深入开展民主法治村(社区)、诚信守法企业等创建活动,发挥群众在法治建设中的主体作用。

三、"法治浙江"的理论内涵

建设"法治浙江"是发展社会主义民主政治、建设社会主义法治国家在浙江的具体实践,也是立足浙江实际,贯彻落实党中央重大决策的具体行动。"法治浙江"是法治中国的有机组成部分;全面深化"法治浙江"建设,自然也是实现浙江在全面推进依法治国进程中走在前列的担当之举。围绕"法治浙江"的决策和实施各项工作,多年来,浙江省广大干部群众就"法治浙江"建设的重要意义、重大原则、基本路径等达成了广泛的社会共识,形成了"法治浙江"科学的理论内涵,具体包括以下七个方面。[2]

---

[1]　中共浙江省委.中共浙江省委关于建设"法治浙江"的决定[J].浙江人大,2006 (5):11.

[2]　浙江省中国特色社会主义理论体系研究中心.从"法治浙江"到"法治中国"[N]. 浙江日报,2018-07-22(3).

第一,建设"法治浙江""最根本的就是要把坚持党的领导、人民当家作主和依法治国有机统一起来"。旗帜鲜明地坚持法治建设的社会主义方向。坚持党的领导、人民当家作主和依法治国的有机统一,是贯穿"法治浙江"探索实践最鲜明的主线。2006年4月召开的中共浙江省委十一届十次全会明确提出,"依法治国就是把社会主义民主与社会主义法制紧密结合起来,实现民主的制度化、法律化,从而保障人民群众在党的领导下,依照宪法和法律的规定,通过各种途径和形式管理国家事务,管理经济文化事业,管理社会事务,保证国家各项工作都依法进行,维护和实现人民群众的根本利益"①。

第二,"立法是法治的基础"。"法治浙江"必须加强法规和规章建设,着力健全地方性法规和规章。要根据宪法和立法法,适应浙江省经济社会发展走在前列的要求,加快地方立法步伐,不断完善与国家法律法规相配套、具有浙江特色的地方性法规规章体系。②"法治浙江"把"加强地方性法规和规章建设"确定为八大任务之一,并分别从"健全法规规章""完善立法机制""提高立法质量"三个层面作出部署。

第三,"依法规范行政权力、全面建设法治政府,是建设'法治浙江'的关键所在"。浙江省着力按照"职权法定、依法行政、有效监督、高效便民"的要求,将依法行政落实到政府工作的各个环节、各个方面,牢固"树立职权法定的理念,使任何一项权力的行使都必须有法律的明确授权并符合法律的目的,每一个执法环节都必

---

① 习近平.干在实处 走在前列——推进浙江新发展的思考与实践[M].北京:中共中央党校出版社,2006:357.

② 习近平.干在实处 走在前列——推进浙江新发展的思考与实践[M].北京:中共中央党校出版社,2006:363.

须符合法律的要求,每一个行为都不能超越法律的界限,一切违法行为都要毫无例外地受到法律的追究,做到职权由法定、有权必有责、用权受监督、违法要追究、侵权须赔偿"①。

第四,公平正义是社会主义法治的价值追求。维护社会公平正义,实现社会和美和谐,是"法治浙江"建设的重要内容和目的所在。② 浙江省高度重视加强司法体制和工作机制建设,着力为实现社会公平正义提供司法保障。通过加强法治建设,使各级机关做维护社会公正的坚强保障者。加强对执法、司法行为的监督检查,建立健全监督体系,规范公共权力运作,及时发现和解决严重影响社会公正公平的问题。尤其注重把公平正义作为制定法律和进行制度安排的重要依据,逐步建立起保障社会公平正义的法律体系,从源头上防止社会不公正现象的出现。

第五,"和谐社会本质上是法治的社会"③。将法治社会建设确立为社会主义法治建设的基础工程。2005 年 11 月,中共浙江省委十一届九次全会审议通过《关于制定浙江省国民经济和社会发展第十一个五年规划的建议》时,把"法治社会"建设提到了战略高度。2006 年 2 月,浙江省委理论中心组学习会举行,会议指出,"法治的力量不仅在于定纷止争、化解社会矛盾,法治更深层次的力量表现在向社会输送公平正义价值观,重建社会信任,稳定社会秩序等方面"。④ 在"平安浙江"建设过程中,浙江省也明确将建设法治

---

① 习近平.干在实处 走在前列——推进浙江新发展的思考与实践[M].北京:中共中央党校出版社,2006:357.

② 习近平.以社会主义法治理念指导"法治浙江"建设[N].法制日报,2006-06-18(1).

③ 原闻.社会主义和谐社会本质上是法治社会[N].光明日报,2007-01-22(9).

④ 浙江省中国特色社会主义理论体系研究中心.从"法治浙江"到"法治中国"[N].浙江日报,2018-07-22(3).

社会作为维护社会和谐的治本之道。

第六，"确保人民政治经济文化权益得到切实尊重和保障"①。充分彰显社会主义法治建设以人民为中心的宗旨。"法治浙江"的出发点和落脚点就是尊重和保障最广大人民群众的根本利益。《中共浙江省委关于建设"法治浙江"的决定》在"建设'法治浙江'的总体要求"部分明确提出，"以执法为民为本质要求，以公平正义为价值追求""在浙江全面建设小康社会和社会主义现代化建设进程中，通过扎实有效的工作，不断提高经济、政治、文化和社会各个领域的法治化水平，加快建设社会主义民主更加完善、社会主义法制更加完备、依法治国基本方略得到全面落实、人民政治经济和文化权益得到切实尊重和保障的法治社会，使我省法治建设工作整体上走在全国前列"。在"建设'法治浙江'的基本原则"部分又不断强调"坚持以人为本。坚持一切权力属于人民，以最广大人民的根本利益为出发点和落脚点，尊重和保障人权，做到执法为民"和"坚持公平正义"。②

第七，"基层民主越健全，社会越和谐"③。着力形成社会主义民主政治建设与法治建设的良性互动机制。"法治浙江"实践的一个显著特色，是坚持在法治基础上有序地推进民主政治建设，充分保障人民群众的各项民主权利。浙江省始终坚持一切权力属于人民、来自人民的理念，在党的领导下，通过法律和制度保障人民当家作主，通过人民赋予的权力和民主程序制定法律，使各项法律制

① 习近平.确保人民政治经济文化权益得到尊重和保障[N].浙江日报,2006-05-10(2).

② 中共浙江省委.中共浙江省委关于建设"法治浙江"的决定[J].浙江人大,2006(5):7.

③ 习近平.基层民主越健全,社会越和谐[N].人民日报,2006-09-25(10).

度符合人民的意愿、利益和要求。推进社会主义民主的制度化、规范化、程序化，把人民群众的民主要求纳入法治化轨道，充分调动广大人民群众的积极性和创造性。①

"大道溯源，潮起之江。""法治浙江"是浙江波澜壮阔的改革开放大潮中关于制度建设的华美乐章，是我国省域治理现代化的基础性工程和骨干工程，并且为党的十八大之后全面依法治国基本方略的提出，以及"法治中国"重大决策的磅礴而出，作出了有价值的地方性实践铺垫和理论贡献。从内在的价值传承和精神渊源上看，浙江省委领导浙江省全体干部群众开展的"法治浙江"实践，是此后"法治中国"的预演与序曲。②

第二节　从"法治浙江"到"法治中国"的不断发展

党的十八大以来，党中央高度重视法治建设，不断深化关于法治建设的理论思考，把法治建设作为"固根本、稳预期、利长远"的百年大计，科学擘画"法治中国"建设的宏伟蓝图，形成"全面依法治国"的博大思想理论体系，有机地构成了习近平新时代中国特色社会主义思想的重要内容。"法治浙江"建设与十八大后党中央提出的"全面依法治国""法治中国"建设的思想理论体系，无论是在精神上还是在逻辑上、文理上都是高度一致的，可以说，"法治浙江"

---

① 浙江省中国特色社会主义理论体系研究中心.从"法治浙江"到"法治中国"[N].浙江日报,2018-07-22(3).

② 浙江省法学会课题组.科学的实践探索 伟大的理论结晶——习近平总书记在浙江期间关于建设"法治浙江"的实践与思考[J].民主与法制,2021(22):11.

建设是"法治中国""全面依法治国"的重要前期实践。①

一、"法治浙江"与"法治中国"的紧密联系

"法治浙江"是"法治中国"的地方性实践基础与重要渊源,"法治中国"则是"法治浙江"在更高的全国层次上的深化与升华;两者之间既有相异更有相同。历史地观察"法治浙江"与"法治中国"之间的关系,可以发现二者在内容上、精神上是完全相通的,具有高度的内在统一性,都深刻反映了我国法治建设与时俱进的一系列新理念、新思想、新战略。

第一,"法治浙江"与"法治中国"均坚持党的领导、人民群众当家作主和依法治国的有机统一,旗帜鲜明地坚持法治建设的社会主义方向。坚持党的领导、人民当家作主和依法治国的有机统一,是贯穿"法治浙江"探索实践最鲜明的主线。党和法治的关系是法治建设的核心问题。"党的领导是中国特色社会主义最本质的特征,是社会主义法治最根本的保证。"②坚持党的领导、人民当家作主、依法治国有机统一起来是我国社会主义法治建设的一条基本经验,也是"法治中国"建设的基本原则。

第二,"法治浙江"与"法治中国"均坚持以人民为中心,通过法治确保人民的政治经济文化权益得到切实尊重和保障。"法治浙江"和"法治中国"建设的出发点和落脚点都是尊重和保障最广大人民群众的根本利益。"法治浙江"建设分别围绕"完善保障公民权益的体制机制""健全权利救济和维护机制""切实保障人民群众

---

① 徐邦友.论习近平在浙期间关于法治建设重要论述的内容与渊源[J].中共宁波市委党校学报,2018,40(6):5.

② 习近平.中国共产党领导是中国特色社会主义最本质的特征[N].人民日报,2019-07-30(6).

生命财产安全"作出一系列部署,目的就是让人民权益得到更加充分的保障。^①"法治中国"建设同样以人民为中心,切实保护人民群众的合法权益;要求深化司法体制改革,让老百姓在每一个案件中感受到公平与正义,"依法保障全体公民享有广泛的权利,保障公民的人身权、财产权、基本政治权利等各项权利不受侵犯,保证公民的经济、文化、社会等各方面权利得到落实,努力维护最广大人民根本利益,保障人民群众对美好生活的向往和追求"^②。

第三,"法治浙江"与"法治中国"均强调法治建设要服务大局,以法治的方法维护社会稳定和促进社会发展。社会稳定与社会发展是一个社会健康良善的两个重要维度,也是人民群众幸福美好生活的重要内容。"法治浙江"与"法治中国"都紧紧围绕这两个价值而展开。"维护社会大局稳定是政法工作的基本任务"^③,一些国家之所以发展不好,甚至停滞或倒退,"很大程度上与法治不彰有关"^④。因此,要推动我国经济社会持续健康发展,不断开拓中国特色社会主义事业更加广阔的发展前景,就必须全面推进社会主义法治建设,从法治上为解决这些问题提供制度化方案。当然,"法治浙江"是从省域治理的角度出发,将一省社会生活的方方面面纳入法治化的轨道中,"实现社会和谐有赖于人们对法律的信仰和遵循。只有把社会生活的基本方面纳入法治的调整范围,经济、政治、文化和谐发展与社会全面进步才有切实保障,整个社会才能成

---

① 中共浙江省委.中共浙江省委关于建设"法治浙江"的决定[J].浙江人大,2006(5):7.

② 习近平.习近平谈治国理政(第一卷)[M].2版.北京:外文出版社,2018:141.

③ 习近平.习近平谈治国理政(第一卷)[M].2版.北京:外文出版社,2018:148.

④ 习近平.在中共十八届四中全会第二次全体会议上的讲话(2014年10月23日)[M]//中共中央文献研究室.习近平关于全面依法治国论述摘编.北京:中央文献出版社,2015:12.

为一个和谐社会"①。而"法治中国"则是站在全国社会和谐稳定、促进全国经济社会的良性发展的角度来思考和谋划法治建设。

第四,"法治浙江"与"法治中国"均坚持系统协和、综合施治的法治建设方针。社会是一个复杂系统,其中的任何方面、任何事业也是以系统形式存在的。这就要求我们在面对社会时有系统观念、通盘考虑和整体谋划。"法治浙江"建设始终坚持系统协和、综合施治的法治建设方针。立法、执法、司法和普法是法治建设的基本方面,必须共同发力,协同推进,"法治浙江"建设要求"紧紧围绕党和国家工作大局开展立法、执法、司法工作,不断强化服务大局的各项措施"②。"法治中国"同样是一项庞大的系统工程,必须统筹兼顾、把握重点、整体谋划,在共同推进上着力,在一体建设上用劲。③"法治中国"站在全国的角度全面推进科学立法、严格执法、公正司法、全民守法,坚持依法治国、依法执政、依法行政共同推进,坚持法治国家、法治政府、法治社会一体建设。④

尽管有场景、视界、着眼点方面的区别,但"法治浙江"与"法治中国"在内容上和精神上是完全相通的,因为"建设'法治浙江',就是建设社会主义法治国家在浙江的具体实践"⑤。从哲学角度讲,任何事物都是普遍性和特殊性的辩证统一,在国家统一的法制框架下推进地方法治建设,是建设社会主义法治国家的客观要求;一

---

① 浙江省中国特色社会主义理论体系研究中心.从"法治浙江"到"法治中国"[N].浙江日报,2018-07-22(3).

② 习近平.干在实处 走在前列——推进浙江新发展的思考与实践[M].北京:中共中央党校出版社,2006:358.

③ 习近平.习近平谈治国理政(第二卷)[M].北京:外文出版社,2017:120.

④ 习近平.习近平谈治国理政(第一卷)[M].2版.北京:外文出版社,2018:144.

⑤ 中共浙江省委.中共浙江省委关于建设"法治浙江"的决定[J].浙江人大,2006(5):6.

些地方在推进社会主义民主的制度化、规范化和程序化方面创造了不少好的做法和经验，为建设社会主义法治国家作出应有的贡献。① 总之，"法治浙江"建设战略与实践是"全面依法治国"的重要理论渊源与实践基础，"法治中国"以"法治浙江"为重要前期实践。

二、"法治浙江"对新时代全面依法治国道路的价值贡献

作为马克思主义法治思想中国化的重大理论创新成果，全面依法治国的提出源自实践创新与理论创新的良性互动。"法治浙江"的决策和实施，为习近平法治思想的形成与发展提供了思想准备和实践经验支撑。总体上说，"法治浙江"是新时代依法治国基本方略形成和发展的理论渊源与实践基础。

第一，"法治浙江"是新时代全面依法治国道路的先行探索。在众多的地方性法治建设实践中，"法治浙江"是相对较早启动的地方性法治建设工程。浙江是国内最早进行改革开放的地区之一，也是市场经济较早发育和较早成熟的地区；而伴随着市场经济的发展，浙江经济社会所处的历史发展阶段相对全国具有前沿性，使浙江在发展过程中率先遭遇到了许多"成长中的烦恼问题"，依法执政、立法、执法、司法、普法中的诸多问题在浙江都具有先发性。2006 年 12 月，浙江省委建设"法治浙江"工作领导小组第一次会议召开，会议认为"法治浙江"在全国范围内是一项全新的工作，没有现成的道路可供行走，需要浙江省不断在实践中摸索前进；"法治浙江"也没有现成的模式可供借鉴，需要经过实践去总结；

---

① 习近平.干在实处 走在前列——推进浙江新发展的思考与实践[M].北京：中共中央党校出版社，2006：361-362.

"法治浙江"更没有现成的答案可供参考,需要用发展来回答。① 这是"法治浙江"建设对于全面依法治国道路探索具有先行示范意义的问题基础。

第二,"法治浙江"是新时代全面依法治国理论的重要实践来源。浙江是习近平新时代中国特色社会主义思想的重要萌发地,也是全面依法治国理论的重要萌发地。早在 2003 年,浙江省委就深刻洞察浙江市场先发和改革先行的客观需要,在"八八战略"中提出要发挥浙江的环境优势,切实加强法治建设。2005 年,浙江省委即着手"法治浙江"相关重点课题的调研工作,为后续《中共浙江省委关于建设"法治浙江"的决定》的制定进行了大量调查研究和前期准备。2006 年 4 月 26 日,浙江省委十一届十次全会正式作出《中共浙江省委关于建设"法治浙江"的决定》。此后,浙江始终沿着《中共浙江省委关于建设"法治浙江"的决定》划定的"法治浙江"建设道路砥砺前行,一张蓝图绘到底、一任接着一任干,推动"法治浙江"建设在总体上走在了全国前列,形成了党领导法治建设、立足现实推动法治建设、立法先行以良法促善治、以法治政府为关键支点推动全局法治建设、充分发挥司法机关职能作用为人民提供底线公正、坚持数字赋能以法治指数评估促进法治建设等实践经验。②

第三,"法治浙江"是新时代全面依法治国基本方略的省域尝试。"法治浙江"建设中的许多做法、经验和具体制度安排,虽然是浙江全省人民基于浙江的实际情况,针对所遭遇到的问题而作出

① 徐邦友."法治浙江"对"法治中国"的价值贡献——纪念"法治浙江"提出并实施 15 周年[J].观察与思考,2021(4):16.

② 徐邦友."法治浙江"对"法治中国"的价值贡献——纪念"法治浙江"提出并实施 15 周年[J].观察与思考,2021(4):18-19.

的带有地域特色的创造性实践,但由于问题的相似性和基础条件的相似性,这些做法、经验和具体制度安排在一定程度上都具有可复制性和可推广性,已有一些做法、经验和制度安排被其他地区借鉴,产生了良好的溢出效果;而有的制度安排已经上升到国家层面,成为国家的重大政策和制度。

第四,"法治浙江"为新时代全面依法治国法治文化的形成贡献了地方知识。法治精神是法治的灵魂。使法必行之法就是法治精神。法治并不体现在普通民众对法律条文有多么深透的了解,而在于努力把法治精神、法治意识、法治观念熔铸到人们的头脑之中,体现在人们的日常行为之中,包括培养人们的理性精神、诚信守法的精神、尊重法律权威的精神、权利与义务对称的精神、依法维权和依法解决纠纷的习惯等等。改革开放以来,随着市场经济发展和民主政治进步,浙江以法为治的地域文化逐渐繁盛起来。浙江省各界人民群众对法和法律的认识越来越深刻,对法治的诉求越来越强烈,对各领域的法定程序越来越信任,他们既信访更信法,懂得并善于以法律手段来维权,通过法定程序解决权利纠纷问题,有效实现了群众维权与社会维稳的统一。"枫桥经验""后陈经验""三治融合""小微权力清单"纷纷从首创之地走向全省进而走向全国,成为具有浙江辨识度和全国知名度的金名片,所有这些都是中国特色社会主义法治文化的重要组成部分。①

---

① 徐邦友."法治浙江"对"法治中国"的价值贡献——纪念"法治浙江"提出并实施15周年[J].观察与思考,2021(4):22-23.

第三节　新时代背景下深化"法治浙江"建设的新征程

"法治浙江"是浙江省历史上一项极具深远影响的重大制度变革工程,是"建设社会主义法治国家在浙江的具体实践"①。十多年来,历届浙江省委秉持"一张蓝图绘到底"的精神,一任接着一任干,领导全省干部群众"不忘初心、牢记使命",干在实处,走在前列,志存高远,砥砺前行,取得了丰富的理论成果、制度成果和实践成果,探索形成了一条经济先发区域法治先行的发展道路。② 2020年,党中央赋予浙江"新时代全面展示中国特色社会主义制度优越性的重要窗口"的全新定位,既是中央对浙江的昨天和今天的充分肯定,也是对浙江的明天的殷切期盼。今后的"法治浙江"建设一定要放在"重要窗口"的新定位当中去谋划,一定要作出与"重要窗口"相匹配、堪当"法治中国示范区"的法治建设新成就和新贡献。③

一、"法治浙江"建设的经验成就

新时代开启了全面依法治国新征程,浙江省作为"新时代全面展示中国特色社会主义制度优越性的重要窗口",在全面深化"法治浙江"建设进程中,坚决贯彻党中央提出的坚持中国共产党的领导、坚持人民主体地位、坚持法律面前人人平等、坚持依法治国和以德治国相结合、坚持从中国实际出发五条原则,在实践中继续坚

---

① 习近平.干在实处 走在前列——推进浙江新发展的思考与实践[M].北京:中共中央党校出版社,2006:361.

② 徐邦友."法治浙江"对"法治中国"的价值贡献——纪念"法治浙江"提出并实施15周年[J].观察与思考,2021(4):15.

③ 徐邦友."法治浙江"对"法治中国"的价值贡献——纪念"法治浙江"提出并实施15周年[J].观察与思考,2021(4):22.

持、不断深化和发展 2006 年以来"法治浙江"建设的主要经验。具体包括以下五个方面。

第一，坚持一张蓝图绘到底，一以贯之抓落实。"法治浙江"实践中形成和发展的一系列法治建设的思想理论成果，既是浙江人民的一笔宝贵精神财富，也是习近平新时代中国特色社会主义思想的重要渊源。① 十多年来，历届浙江省委秉承"法治浙江"建设理念、思路和方法，按照省委十一届十次全会决定的部署，坚持把建设法治浙江作为一项重大战略任务，全面深化法治浙江建设。坚持问题导向，从解决群众反映强烈的突出问题入手，明确法治建设主攻方向，拓展法治实践平台，丰富法治建设抓手，蹄疾步稳，善作善成。把长远目标与阶段性目标、重点任务与年度工作结合起来，从具体工作抓起，从群众关心的实事做起，积小胜为大胜，不断取得法治建设新进展。

第二，始终重视发挥立法的引领作用，强化经济社会发展制度供给。"以良法促进发展、保障善治"，浙江一向注重立法地方特色和管用实用。"立法是法治的基础"，地方立法要突出把握立法要为发展服务、立法要有地方特色、立法要维护人民根本利益、立法要体现时代性等指导思想。② 在"法治浙江"建设中，浙江省始终站在政治和全局的高度，依法有序、科学高效地推进立法工作。③ 2006 年至 2021 年 3 月底，浙江省人大及其常委会共制定（修订）省

① 浙江省法学会课题组.科学的实践探索 伟大的理论结晶——习近平总书记在浙江期间关于建设"法治浙江"的实践与思考[J].民主与法制,2021(22):11.
② 习近平.干在实处 走在前列——推进浙江新发展的思考与实践[M].北京:中共中央党校出版社,2006:363.
③ 习近平.干在实处 走在前列——推进浙江新发展的思考与实践[M].北京:中共中央党校出版社,2006:365-366.

地方性法规160件,《浙江省数字经济促进条例》《保障"最多跑一次"改革规定》等20多部地方立法为全国首创。^① 在创新立法工作机制上,始终坚持开门立法,提高立法的民主化、科学化水平。浙江省不断推进高质量立法走在前列,出台一批具有浙江辨识度的创制性法规。健全法规制定、实施、完善的闭环链条,努力形成良法善治与改革发展相互促进的良性循环,持续为浙江经济社会发展提供法制支撑。

第三,始终将依法行政作为主体工程和重点任务,推进法治政府建设。依法规范行政权力、全面建设法治政府,是建设"法治浙江"的关键所在。浙江省着力将依法行政落实到政府工作的各个环节、各个方面,按照"职权法定、依法行政、有效监督、高效便民"的要求,切实把依法行政落实到政府工作的各个环节、各个方面。在法治浙江建设中,浙江始终将依法行政作为主体工程和重点任务,推进法治政府建设,如在政府职能转变方面,浙江先后开展四轮行政审批制度改革,包括推进"四张清单一张网"迭代升级、"最多跑一次"改革、数字化改革等,努力建设"掌上办事之省""掌上办公之省"等。截至2021年4月,浙江公告执行的行政许可事项442项,其中省级委托下放执行197项,占省级行政许可事项的69%。省市两级共清理取消证明事项198项,市县两级累计2816项证明事项实行告知承诺制,共让群众少提交证明4000多万件。^② 法治政府建设还需依法规范政府行政行为。在此方面,以《浙江省行政程序办法》为统领,浙江全面构建行政程序体系,涵盖重大行政决策机制、重大行政决策目录化管理、基层合法性审查全覆盖等。全

---

① 郭其钰,陈波.法治浙江建设"成绩单"[J].浙江人大,2021(5):15.
② 郭其钰,陈波.法治浙江建设"成绩单"[J].浙江人大,2021(5):15.

面落实行政执法"三项制度",探索行政复议体制改革的"浙江模式"并在全国推广。

第四,深化司法体制改革提升司法公信力。司法的质量、效率和公信力直接体现法治浙江建设的成效。2003年,浙江省高级人民法院党组民主生活会上,习近平同志提出"案件有大小,审判非小事",要求司法机关严格"坚持罪刑法定和罪责相适应原则,严格执行刑事法律和刑事政策,把刑事案件搞准,做实,办成铁案"。①浙江省不断通过加强法治建设,使各级机关做维护社会公正的坚强保障者。在"法治浙江"建设中,浙江省加强对执法、司法行为的监督检查,建立健全监督体系,规范公共权力运作,及时发现和解决严重影响社会公正公平的问题,从源头上防止社会不公正现象的出现。为完善司法权运行机制、全面落实司法责任制,浙江法院、检察院精简内设机构比例达33%,组建新型办案团队5000余个。2017年8月18日,根据中央全面深化改革领导小组审议通过的方案,杭州互联网法院挂牌成立,集中审理浙江省杭州市辖区内基层人民法院有管辖权的六类涉互联网一审民事、行政案件,开启了中国互联网案件集中管辖、专业审判的新篇章。这是全球首家互联网法院。此外,浙江推行的"移动微法院""一体化办案办公平台""凤凰智审"等智慧司法平台,让人民群众"一次不用跑"就能享受到优质高效的司法服务。②

第五,基层社会治理纳入法治轨道。法治不仅是社会治理的合法性来源,也是增强社会治理权威性和公信力的根本保障。作

---

　　① 习近平.干在实处 走在前列——推进浙江新发展的思考与实践[M].北京:中共中央党校出版社,2006:368.

　　② 郭其钰,陈波.法治浙江建设"成绩单"[J].浙江人大,2021(5):16.

为"枫桥经验"发源地,浙江省始终坚持把基层社会治理纳入法治轨道。法治建设重在基层,加强基层依法治理工作,就是要完善基层执政方式,建立和规范基层利益协调、矛盾处理、社会建设和社会管理机制。引导基层组织和基层干部依法办事,引导基层群众以理性合法的形式表达自己的利益要求,从而促进社会的和谐与稳定。2020年,浙江县级矛调中心共接待群众134.9万人,受理矛盾纠纷66.2万件,化解成功率94.9%。浙江省法院新收各类案件在上年同比下降4.6%的基础上,继续下降7.2%。此外,按照"三治融合"的方法,浙江总结提升推广"村民说事"、"民主恳谈"、乡贤参事、村务监督、小微权力清单、道德评判、村规民约等载体,为有效改变自治领域"行政化"的问题、法治领域"不信法"的问题、德治领域"失范"的问题,提供了系统性、综合性的解决途径。目前,全省已建成"三治融合"示范村(社区)6000余个。浙江正全面推行数字化改革,提出构建以"1338"为主要内容的数字法治系统,推动有关体制机制、组织架构、业务流程的系统性重塑。其中"1338"即建设一个数字法治综合应用,完善政法一体化办案体系、综合行政执法体系、风险闭环管控大平安体系,提升相关联的3个集成应用、8个基础应用。①

二、加快建设法治中国示范区与"重要窗口"

自2006年4月浙江省委作出法治浙江建设的重大决策以来,历届浙江省委领导全省干部群众探索形成了一条经济先发区域法治先行的发展道路,推动"法治浙江"建设总体上走在全国前列,并努力争取成为"法治中国示范区"。从"法治浙江"到"法治中国",

---

① 郭其钰,陈波.法治浙江建设"成绩单"[J].浙江人大,2021(5):17.

历史呈现出了延续性和递进性，"法治浙江"的理念、制度安排和建设方法在全国范围产生示范效应，"法治浙江"成为坚持走中国特色社会主义法治道路、全面展示社会主义法治优越性的重要窗口。作为"法治中国"重要窗口的"法治浙江"，不仅要展示浙江在法治建设上的过去和现在，更要展示浙江在法治建设上的未来，在建设和维护"重要窗口"这个新的历史背景和使命定位上不断深化"法治浙江"建设。

第一，应始终加强党对法治建设的全面领导，在党委"领导立法、保证执法、支持司法、带头守法"的实践探索上进一步深化，形成更加科学健全的体制机制和方式方法。党领导和推动法治建设不仅是一个政治原则，更是一项具体行动，其具体表现在"领导立法、保证执法、支持司法、带头守法"四个方面。经过"法治浙江"建设的努力，党委"领导立法、保证执法、支持司法、带头守法"的基本制度框架已经形成，今后，应在完善具体的体制机制、行为程序以及改善方法艺术上进一步深化实践探索，尤其是在一些由政权机关及其职能部门提交党委进行政治性、程序性、职责性把握上。

第二，应充分认识法治作为治国理政基本方式的制度优越性，坚定对中国特色社会主义法治道路、理论、制度和文化的自信。"法治浙江"的地方性实践以及十八大以来"法治中国"的全国性实践都表明法治在促进社会主义市场经济发展，创造人民群众幸福美好生活，维护政治与社会稳定，推进治理体系和治理能力现代化，实现人与人、人与社会以及人与自然和谐共存方面都具有无比优越性，是最有利于一个国家和地区稳定发展和繁荣、最有利于改善民生福祉创造幸福美好生活的制度安排。

第三，应始终以人民为中心推进法治建设。保障人民幸福美好生活需要有科学有效的制度体系，尤其是法治体系。在《中共浙江省委关于建设"法治浙江"的决定》中可以清晰地看到，保障人权、维护社会公平正义是一条主线和最大亮点之一，"法治浙江"在制度建设上的种种努力，充分体现了社会主义法治在保障人民幸福美好生活上的显著优越性。新时代背景下进一步深化"法治浙江"建设，必须始终坚持以人民为中心，积极回应人民群众新要求、新期待，保证人民群众在党的领导下通过各种途径和形式管理国家事务、管理经济文化事业、管理社会事务，共享改革发展成果，切实做到法治建设为了人民、依靠人民、造福人民、保护人民。

第四，在弘扬法治精神、培育法治风尚、营造一个"办事依法、遇事找法、解决问题用法、化解矛盾靠法"的良好法治环境上应进一步深化，努力率先建成"法治信仰坚定、法治文化深厚、守法自觉普遍"的法治社会。继续探索依法治省与以德治省之间的结合，继续探索自治、法治、德治"三治融合"的体制机制，继续探索国家正式成文规则与民间非正式未成文规则之间相分而又相合的关系，探索民间非正式未成文规则进入国家正式法律规则体系的渠道，夯实国家法律体系的社会法基础。充分发挥浙江作为中国革命红船起航地、改革开放先行地和习近平新时代中国特色社会主义思想重要萌发地的政治优势，并将其转化为促进法治建设的强大动能。

第五，在利用大数据促进法治建设上应进一步深化，形成数治化与法治化互促互动的动态结构，为智能社会治理贡献"智慧法治"的浙江经验。浙江省委、省政府敏感于现代科学的巨大作用和发展趋势，果断地把数字经济、数字社会、数字政府作为牵引浙江全面发展转型的抓手，是浙江全面发展的未来之极。大数据技术的迅猛发展也给法治建设带来了机遇和挑战,从"最多跑一次"到"最多跑一地"、整体智治、互联网法院、政法一体单轨制协同办案都是在最新科技浪潮中法治建设上的重大制度创新。应在此基础上进一步探索"数治"和"法治"的融合,全面提升法治工作的数治化水平,为法治中国和智能社会治理贡献"智慧法治"的浙江经验。

2022 年 3 月 18 日召开的浙江省十三届人大常委会第三十五次会议,审议通过了《浙江省人民代表大会常务委员会关于深入践行习近平法治思想 促进和保障法治中国示范区建设的决定》,通过法定程序将党的主张转变为全省人民的共同意志,促进和保障法治中国示范区建设。《决定》明确了加快建设法治中国示范区的重要意义、实现路径和目标任务。加快建设法治中国示范区是浙江省勇当笃学践行习近平法治思想排头兵,推动法治建设走在前列、示范引领的重大举措。建设法治中国示范区是一个系统工程,必须动员全省力量共同参与,合力推进。《决定》对人大、政府、监察委员会、法院、检察院以及社会各方参与法治中国示范区建设的任务要求作了规定:一是有立法权的人大及其常委会和人民政府应当在确保立法质量的前提下加快立法工作步伐,围绕加快构建共同富裕法规规章制度体系,打造一批具有浙江辨识度的标志性立法成果;各级人大及其常委会应当依法履行监督职责,实行正确监督、有效监督、依法监督,保障宪法和法律法规在本行政区域内全面有效实施;各级人大代表应当认真履行代表职务,引领和带动人民群众积极参与法治中国示范区建设。二是各级人民政府应当充分认识法治政府建设是法治中国示范区建设的重点任务和主体工程,全面建设现代法治政府。三是各级监察委员会应当积极履行监察监督职责,探索建立监察监督与各类监督贯通协调的体制机制。四是各级人民法院、人民检察院应当持续深化司法体制综合配套改革,提高司法质量、效率和公信力。五是应当把法治社会建设作为基础工程,深化多元立体的大普法格局,深入宣传以宪法为核心的中国特色社会主义法律体系,加快建设具有浙江特色的中国特色社会主义法治文化;各级领导干部应当带头厉行法治、捍卫法治,发挥"关键少数"作用;各类社会组织应当积极教育和组织所联系群众,通过各种途径和形式参与法治中国示范区建设。①

◆◆ 本章小结

浙江是习近平新时代中国特色社会主义思想的重要萌发地,是法治中国建设的重要实践地。在习近平同志的主持和提议下,浙江省委作出建设法治浙江的重大决策,率先开启了法治中国建设在省域层面的探索。纵观十几年的发展历程,法治浙江建设总体分为三个阶段,如今已进入第三个阶段,从全面深化法治浙江建设到建设法治中国示范区,努力打造法治中国的"重要窗口"。

◆◆ 思考题

1.法治浙江的理论内涵是什么?

2.法治浙江与习近平法治思想之间存在何种逻辑关系?

3.党的领导、人民当家作主、依法治国三者之间是什么关系?

◆◆ 拓展阅读

1.习近平.习近平谈治国理政(第三卷)[M].北京:外文出版社,2020.

2.习近平.之江新语[M].杭州:浙江人民出版社,2007.

---

① 方帅.打造法治浙江建设升级版[J].浙江人大,2022(4):46.

3.查志强.浙江蓝皮书:2020 年浙江发展报告·数字经济卷[R].杭州:浙江人民出版社,2020.

4.黄宇,傅歆.浙江蓝皮书:2020 年浙江发展报告·政治卷[R].杭州:浙江人民出版社,2020.

5.闻海燕.浙江蓝皮书:2020 年浙江发展报告·经济卷[R].杭州:浙江人民出版社,2020.

6.吴蓓,宋雪玲.浙江蓝皮书:2020 年浙江发展报告·文化卷[R].杭州:浙江人民出版社,2020.

7.杨建华,张秀梅.浙江蓝皮书:2020 年浙江发展报告·社会卷[R].杭州:浙江人民出版社,2020.

8.钟其.浙江蓝皮书:2020 年浙江发展报告·生态卷[R].杭州:浙江人民出版社,2020.

党和法治的关系是法治建设的核心问题。全面推进依法治国这件大事能不能办好，最关键的是方向是不是正确、政治保证是不是坚强有力，具体讲就是要坚持党的领导，坚持中国特色社会主义制度，贯彻中国特色社会主义法治理论。

——摘自《关于〈中共中央关于全面推进依法治国若干重大问题的决定〉的说明》①

第三章　党对法治浙江建设的全面领导

◆◆ **本章要点**

1. 深刻理解党与法治的关系，体会党的领导在浙江法治建设中的核心作用，明晰加强党的领导、贯彻中国特色社会主义法治理论的必要性与优越性。

2. 深刻理解习近平法治思想在浙江区域法治探索与区域治理运用中的引领作用，重点展示三个层面：浙江法治建设如何发挥党总揽全局的制度优势，包括从"法治浙江"领导小组到省委全面依法治省委员会的机构深化改革与各级地方党委依规治党、依法执政的实践；党领导法治浙江建设的基本路径，包括领导立法、保证执法、支持司法与带头守法；党内法规制度体系的建设与完善，包括浙江省级党内法规制度体系的建设，党内规范性文件备案审查制度的完善和党务公开的不断贯彻实践与发展。

---

① 习近平.关于《中共中央关于全面推进依法治国若干重大问题的决定》的说明[M]//《中共中央关于全面推进依法治国若干重大问题的决定》辅导读本.北京:人民出版社,2014:50.

第一节 法治浙江建设中发挥党总揽全局的制度优势

习近平总书记指出:"党和法的关系是一个根本问题,处理得好,则法治兴、党兴、国家兴;处理得不好,则法治衰、党衰、国家衰。"①这一论断抓住了党和法关系的要害。习近平总书记的重要论述,为我国社会主义法治建设立下了"定海神针",也为法治浙江建设定下了总根基、总方向。

浙江省委十一届十次全会审议通过的《中共浙江省委关于建设"法治浙江"的决定》,把"坚持和改善党的领导"列为八大任务之首,分别就"完善党的领导方式""贯彻依法治国基本方略,提高依法执政水平""以提高执政能力为重点,进一步加强党的建设"三个方面提出了具体要求。该决定明确指出,要加强党对立法工作的领导,善于把党委的重大决策与地方立法结合起来,从制度上保证"八八战略"、"平安浙江"、文化大省等战略部署的贯彻实施;督促、支持和保证国家机关依法行使职权,在法治轨道上推动各项工作的开展;支持审判机关和检察机关依法独立公正地行使审判权和检察权,加强对司法活动的监督和保障,保证司法公正。《决定》同时强调,党员干部特别是领导干部要牢固树立法治观念,带头学习法律、遵守法律,维护宪法和法律的权威,自觉成为建设"法治浙江"的实践者、推动者、宣传者。

---

① 习近平.在省部级主要领导干部学习贯彻党的十八届四中全会精神全面推进依法治国专题研讨班上的讲话(2015年2月2日)[M]//中共中央文献研究室.习近平关于全面依法治国论述摘编.北京:中央文献出版社,2015:33.

一、从"法治浙江"工作领导小组到省委全面依法治省委员会

2006 年 4 月 25—26 日,习近平同志主持召开浙江省委十一届十次全会,作出了建设法治浙江的重大战略部署。这一战略部署,是建设社会主义法治国家在浙江的具体实践,是全面落实科学发展观、加快构建社会主义和谐社会、提高党的执政能力的必然要求。在浙江省委建设"法治浙江"工作领导小组第一次会议上,时任浙江省委书记习近平提出,法治是构建社会主义和谐社会的重要内容、重要保证和重要途径。要从构建社会主义和谐社会的高度深化对建设"法治浙江"的认识,全面理解和把握构建社会主义和谐社会的指导思想、目标任务、工作原则和重大部署,把构建和谐社会的理念和措施贯彻到经济、政治、文化和社会建设的各项工作中去,贯彻到建设"法治浙江"的各项工作中去,使建设"法治浙江"为构建和谐社会提供服务、提供支撑、提供保障。①

改革开放以来,浙江省委高度重视法治建设,先后作出依法治省和建设"法治浙江"的决定。历届省委坚持把"法治浙江"建设作为深入实施"八八战略"的重要内容和重要保障,作为浙江省社会主义民主政治建设的总抓手,把"法治浙江"建设放到建设物质富裕精神富有现代化浙江和建设美丽浙江、创造美好生活战略布局中谋划和推动,坚持不懈、循序渐进,开拓进取、干在实处,取得了丰富的理论成果、制度成果和实践成果。按照党委总揽全局、协调各方的原则,大力推进依法执政,健全党内民主制度,完善依法决策机制,加强和改进人大和政协工作,支持各级政府依法行政,加强对政法工作的领导,把党的领导贯彻到"法治浙江"建设的全过

---

① 认真贯彻构建和谐社会要求,扎实推进"法治浙江"建设[N].浙江日报,2006-12-19(1).

程和各方面。建立以省委书记为组长的省委建设"法治浙江"工作领导小组，形成党委统一领导，人大、政府、政协各负其责，部门协同推进，人民群众广泛参与的法治建设工作格局。坚持"一把手抓、抓一把手"，明确工作重点，落实工作责任，统筹推进"法治浙江"建设各项工作。2006 年以来十余年的"法治浙江"建设生动实践充分证明坚持党的领导是"法治浙江"建设的一项重要宝贵经验。

浙江省委十四届二次全会决定提出"更好发挥省委建设法治浙江工作领导小组作用，切实加强对法治浙江建设的统一领导"。根据 2018 年 10 月，党中央、国务院批准同意的《浙江省机构改革方案》，对应中央和国家机关调整，浙江成立"省委全面依法治省委员会"，以此行使原来的省委建设"法治浙江"工作领导小组的职能，建立健全和优化省委对法治浙江建设工作的领导体制机制。浙江省委全面依法治省委员会第一次会议指出，深化法治浙江建设，要做到"四个更好结合"。一是把提高政治站位与增强法治意识更好地结合起来。把旗帜鲜明讲政治摆在头等重要位置，加强党对法治浙江建设的统一领导和统筹协调，以高度的政治自信坚定不移走中国特色社会主义法治道路，把坚定做到"两个维护"落实到法治浙江建设的全过程各方面。二是把推动高质量发展与建设高水平法治更好地结合起来。牢固树立"法治是最好营商环境"的理念，尊崇法治、厉行法治，加强在改革发展、社会治理、法治服务和保障、法治环境和法治力量建设等方面的探索实践，努力使法治浙江建设与"两个高水平"建设的战略目标相适应、与浙江省经济社会发展走在前列相协调。三是把完善法治体系与优化法治环境更好地结合起来。坚持问题导向，抓住党要依法执政、政府要依法行政这个关键,着力解决影响严格规范公正文明执法的深层次问题,加快形成完备的地方法规规章体系、高效的法治实施体系、严密的法治监督体系、有力的法治保障体系、完善的党内法规体系。四是把加强统筹协调与分工负责推进更好地结合起来。省委全面依法治省委员会要统筹各方、牵头抓总,委员会各协调小组要加强协调、组织实施,委员会办公室要敢于担当、当好助手,各地各部门要各司其职、协同作战,合力开创法治浙江建设新局面。

从"法治浙江"工作领导小组到省委全面依法治省委员会,法治浙江建设的不断完善、机构改革的不断深化是以习近平同志为核心的党中央从党和国家事业发展全局和战略高度作出的重大决策部署,是推进国家治理体系和治理能力现代化的一场深刻变革。深化党和国家机构改革,是新时代坚持和发展中国特色社会主义的必然要求,是加强党的长期执政能力建设的必然要求,是社会主义制度自我完善和发展的必然要求,是实现"两个一百年"奋斗目标、建设社会主义现代化国家、实现中华民族伟大复兴的必然要求。

二、各级地方党委依规治党和依法执政

治国必先治党,治党务必从严,从严必依法度。建设"法治浙江",必须站在"两个一百年"奋斗目标的历史交汇点,以习近平同志为核心的党中央着眼坚持和完善中国特色社会主义制度、推进国家治理体系和治理能力现代化,全方位推进新时代党内法规制度建设,在党内法规制度的坚持和巩固、完善和发展、遵守和执行上,取得新的进展和成效。

浙江省积极推进法治建设,严格贯彻依规治党,依法执政。《中共浙江省委关于全面深化法治浙江建设的决定》提出:坚持党

的领导,建立"一把手"负总责的法治浙江建设领导体制机制。浙江省第十四次党代会报告《坚定不移沿着"八八战略"指引的路子走下去 高水平谱写实现"两个一百年"奋斗目标的浙江篇章》提出:完善党的领导方式和执政方式。发挥党总揽全局、协调各方的领导核心作用,支持和保证同级人大、政府、政协和监察机关、审判机关、检察机关依法依章程独立负责、协调一致地开展工作。加强和改善党对政法工作的领导,坚持总体国家安全观,切实履行好政法战线维护社会大局稳定、促进社会公平正义、保障人民安居乐业的职责使命。加强和改进党对工青妇等群团组织的领导,不断增强群团工作和群团组织的政治性、先进性、群众性。

三、党政主要负责人履行法治建设第一责任人责任

响应党中央号召,浙江省委办公厅、省政府办公厅于 2018 年印发《浙江省党政主要负责人履行推进法治建设第一责任人职责实施办法》(下称《职责实施办法》),其明确规定:党政主要负责人履行推进法治建设第一责任人职责,必须坚持党的领导、人民当家作主、依法治国有机统一;坚持宪法法律至上,反对以言代法、以权压法、逐利违法、徇私枉法;坚持统筹协调,做到依法治国、依法执政、依法行政共同推进,法治国家、法治政府、法治社会一体建设;坚持权责一致,确保有权必有责、有责要担当、失责必追究;坚持以身作则、以上率下,带头尊法学法守法用法。党政主要负责人作为推进法治建设第一责任人,应当切实履行法治浙江建设重要组织者、推动者和实践者的职责,贯彻落实中央和省委关于法治建设的重大决策部署,统筹推进依法执政、科学立法、严格执法、公正司法、全民守法,自觉运用法治思维和法治方式深化改革、推动发展、化解矛盾、维护稳定,充分发挥各级法治建设领导小组及其办公室

的职能作用,对法治建设重要工作亲自部署、重大问题亲自过问、重点环节亲自协调、重要任务亲自督办,把本地区各项工作纳入法治化轨道,推动浙江省法治建设走在前列、勇立潮头。

《职责实施办法》明确了党委主要负责人的主要职责:充分发挥党委在推进本地区法治建设中的领导核心作用;坚持全面从严治党、依规治党,加强党内法规制度建设,提高党内法规制度执行力;严格依法依规决策,落实党委法律顾问制度、公职律师制度,加强对党委文件、重大决策的合法合规性审查;支持本级人大、政府、政协、监委、法院、检察院依法依章程履行职能、开展工作,督促领导班子其他成员和下级党政主要负责人严格依法办事,不得违规干预司法活动、插手具体案件处理;坚持重视法治素养和法治能力的用人导向,加强法治工作队伍建设和政法机关领导班子建设等。对政府主要负责人的职责划分主要为:加强对本地区法治政府建设的组织领导,制定工作规划和年度工作计划,及时研究解决法治政府建设有关重大问题,为推进法治建设提供保障、创造条件;严格执行重大行政决策法定程序,建立健全政府法律顾问制度、公职律师制度,依法制定规章和规范性文件,全面推进政务公开;依法全面履行政府职能,推进行政执法责任制落实,推动严格规范公正文明执法;督促领导班子其他成员和政府部门主要负责人依法行政,推动完善政府内部层级监督和专门监督,纠正行政不作为、乱作为等。其要求完善,细则清楚,充分保证落到实处,贯彻督促依规治党、依法执政。

◆◆ **案例 3-1**

浙江省法治政府实地督案

自 2019 年底开始,浙江省委依法治省办组织 8 个督察组,对全省法治政府建设开展实地督察。

建设法治政府是推进全面依法治国的重点任务和主体工程。浙江省组织实地督察,是迎接中央依法治国办全面督察的一次迎查自检,是全省各地对贯彻落实党中央关于法治政府建设决策部署的一次政治体检,也是对实现到 2020 年基本建成法治政府目标的一次全面评估。浙江省各地各部门从"自觉尊崇制度、严格执行制度、坚决维护制度"的高度,深刻认识督察的重大意义,认真做好开展实地督察、迎接中央督察的各项工作。

根据部署安排,各督察组按照"总结经验、发现问题、补足短板、推进工作"的目标,坚持问题导向,重点围绕政治站位高不高、人民群众满意不满意、行政工作到位不到位等方面进行精准督察。督察组采取谈话、座谈、明察暗访、随机抽查执法案卷、网络检索等督察方式,并向社会公开专门电话和邮箱,听取人民群众意见建议。本次督察进一步强化党委在法治政府建设上总揽全局、协调各方的作用,推动各级党委法治建设议事协调机构有效统筹本地区法治政府建设工作,并把督察情况作为年度考核评分和排名的重要依据。浙江省各地各部门以这次督察为契机,对标"法治中国示范区"的目标要求,在谋划浙江省率先基本建成法治政府的思路上再调研、再思考、再推进,切实提高督察的综合效能,推动浙江省法治政府建设迈上新台阶。

案例来源:陆乐. 我省将对全省法治政府建设开展实地督察[N].浙江日报,2019-11-12(2).

案例简析 >>>

开展法治政府建设全面督察,是对浙江省法治政府建设的一次全面体检。浙江以此次实地督察为契机,深入贯彻党的十九届四中全会精神,坚持目标导向、问题导向、效果导向,突出补短板、强基层、创示范,聚焦制度有效供给和有效执行、综合行政执法改革、转变监管方式、推动解决基层依法治理"最后一公里"问题等重点领域和关键环节,全面提升法治政府建设整体水平。各地各部门全力配合中央督察组开展工作,对督察发现的问题,照单全收、立即整改,整改一个、销号一个、验收一个,同时健全长效机制,努力使法治真正成为浙江核心竞争力和省域治理现代化的重要支撑。

第二节　党领导法治浙江建设的基本路径

一、领导地方立法

2003 年 8 月 4 日,浙江召开全省立法工作会议,习近平同志系统阐述了立法工作:立法要为发展服务,立法要有地方特色,立法要维护人民根本利益,立法要体现时代性。① 法律是治国之重器,良法是善治之前提。建设"法治浙江",必须坚持立法先行,发挥立法的引领和推动作用,抓住提高立法质量这个关键。要恪守以民为本、立法为民理念,贯彻社会主义核心价值观。其要义是始终坚持党的领导、人民当家作主、依法治国有机统一,充分发挥人民代表大会制度优势,为全省经济社会发展提供有力的法治保障。

——坚持党对立法工作的政治领导。浙江省政府坚持以习近平新时代中国特色社会主义思想为指导,深入学习贯彻习近平法治思想,及时通过党组专题学习会、各级人大常委会主任学习会、

---

① 习近平.干在实处 走在前列——推进浙江新发展的思考与实践[M].北京:中共中央党校出版社,2006:363-365.

专题讲座、专题培训班等方式，形成全方位、多层次、广覆盖的学习党的政策的大格局。浙江省在党的政策的指导下，紧扣省委、省政府决策部署，坚持立法服务和保障改革发展稳定大局，坚持以人民为中心的立法理念，统筹推进重点领域立法，着力提高立法质量和效率，正在努力为浙江省高质量发展建设共同富裕示范区提供更加有力的法治保障。

——健全人大主导立法工作的体制机制。尊重、信任和维护人大及其常委会的法定程序和立法权威。科学合理划分党内法规与国家地方立法的界限，不以党的政策代替国家地方立法。在立法方向和原则已确定的前提下，省委应加强和改善对人大及其常委会的领导，支持和保证人大及其常委会依法行使职权、开展工作，充分发挥人大及其常委会的立法主动性和能动性，充分发挥人大代表立法主体作用，集思广益，最终将党的政策经过法定程序，贯彻和体现在地方立法当中。2004年5月11日，浙江省人大工作会议召开。这是浙江省人大成立以来省委召开的首次人大工作会议。把人大工作纳入党委总体布局，每届党委至少应召开一次人大工作会议的惯例延续至今。

——加强人大与政府的沟通协调。对于立法议题，在经调查研究形成初步修改方案时，及时与政府主管领导和主管部门负责人沟通信息、交换意见、协调工作，以利于完善方案，达成思想共识，形成工作合力。

贯彻落实习近平同志对地方立法工作的高要求，浙江地方立法紧跟经济社会发展速度，为推动改革发展提供了有力保障。自2006年至2021年3月，浙江省人大及其常委会共制定（修订）省地方性法规160件，修改212件次，批准设区的市地方性法规319

件,基本形成了比较完备的与国家法律体系相配套、在全国具有较高辨识度和影响力的地方性法规制度。浙江省人大及其常委会的立法工作,紧紧围绕中心大局、保障重大改革决策顺利实施,围绕促进经济转型升级、推动经济持续发展,围绕坚持人民主体地位、努力增进民生福祉,围绕完善民主政治、深入推进法治浙江建设,其中有 20 多部法规开创全国第一。①

◆◆ **案例 3-2**

浙江省保障"最多跑一次"改革规定

在 2014 年,一名由地产商人绘制的"万里长征图"在广州走红,它的复制品也被不少官员收藏。这就是一张建设工程项目的行政审批流程图。从这张图可以发现,在广州投资一个建设项目,在整个审批流程中,投资人需要与 20 个委、办、局,以及 53 个处、室、中心、站的工作人员打交道;经历 100 个审批环节,盖 108 个章,缴纳 36 项行政收费;审批工作日累计达 2020 天。即便是投资人抄了近道、选择了最佳的路线,最短也需要 799 天。也就是一个建设项目从立项到拿到房产证,光在政府部门办手续,就起码需要两年多的时间。这实际上并不是政府部门的工作人员在故意刁难投资人,而是建设工程本来就是一个十分复杂的项目,涉及政府的各个部门,因此确实有这么多的流程需要完成。

社会经济事务复杂多样,政府因此也就需要分设各种部门和机构,在这些机构之间又有明确的专业化分工,不能逾越和互相替代。这样一方面会导致行政环节的增加,比如"万里长征图"中的 100 个审批环节;更严重的还会出现不同部门之间审批条件互相矛

---

① 习近平法治思想引领法治浙江十五年[N]. 法治日报,2021-04-24(1).

盾的情况,这些互为前置的条件"死结",就是典型的"有法理、没道理"。

　　针对这一问题,浙江的"最多跑一次"改革可以说是近年来各地"放管服"改革实践的集大成者。2016年12月,"最多跑一次"在浙江省委经济工作会议上被正式提出,明确要求群众和企业到政府办事最多跑一次。随后,改革时间表、路线图和任务书不断出炉,实践紧锣密鼓推进。2018年初数据显示,浙江2017年省级"最多跑一次"事项达到665项,设区市本级平均达到755项,县(市、区)平均达到656项,全省"最多跑一次"实现率达到87.9%,办事群众满意率达到94.7%。2018年10月,经第三方评估,浙江省"最多跑一次"改革的实现率、满意率分别达到90.6%和96.5%。2018年1月23日下午,中央全面深化改革领导小组第二次会议在北京召开,会议审议了《浙江省"最多跑一次"改革调研报告》。2018年5月,中共中央办公厅、国务院办公厅印发《关于深入推进审批服务便民化的指导意见》,吸收了"最多跑一次"中的许多典型经验。"最多跑一次"改革从浙江走向全国。

案例来源:

1. 范柏乃,张鸣.浙江"最多跑一次"改革经验值得推广[N].光明日报,2018-05-15(5).

2. 王春."最多跑一次"改革成法治浙江金名片[N/OL].法制日报,2019-01-21[2020-03-24].http://legal.people.com.cn/n1/2019/0121/c42510-30579576.html.

案例简析 >>>

　　政府部门的专业化分工确实是必要的,但是这是政府内部的事情,对于公众而言,无论哪个部门代表的都是同一个政府。"最多跑一次"改革就是站在公共服务受众角度来界定"一件事情",通过分批梳理公布"最多跑一次"事项。由于传统的行政审批以不同部门相互分割的"事项"为标准,老百姓眼中的"一件事情"往往由一个或多个部门的多个"事项"构成,在"最多跑一次"改革中,改革者以公共服务受众眼中的"一件事情"为标准整合归并相关事项,推进一件事情全流程"最多跑一次"。

二、保证行政执法

严格执法是行政机关严格贯彻落实法律法规的过程,是人民意志转变为现实的决定性环节,是实现依法治国方略的内在要求和必要保证。习近平的法治思维方法十分注重法治的实践运用,用法治规范权力运行,确保法律从"纸面上的法"真正落实为"行动中的法",实现科学立法、严格执法、公正司法、全民守法的有机统一,在全社会确立法治的共同信仰。在浙江工作期间,习近平同志多次强调要把各项工作纳入法治化轨道、在法治化轨道上开展各项工作。①

在新时代,高水平建设法治浙江,需要进一步统一党委依法决策和重大行政决策程序法定化。各级领导干部应当以 2018 年末的高考英语赋分事故为鉴,充分认识到《浙江省重大行政决策程序规定》是党的民主集中制原则在行政领域的法定化、制度化和具体化,因此,执行好《浙江省重大行政决策程序规定》确定的民主决策、科学决策制度,正是落实党的民主集中制原则的重要体现。党的领导和依法行政是辩证统一的关系,不应将两者人为割裂开来。领导干部的魄力和担当,与民主科学决策是相辅相成的关系,不应简单对立。决策之前,尤其多听听各方的意见,多进行利益衡量和风险评估,这并不是缺乏魄力和担当的表现,而是对人民的高度负责、对法律的高度敬畏。现代治理体系中的领导干部魄力担当,是

---

① 浙江省中国特色社会主义理论体系研究中心. 习近平的法治思维方法在浙江的探索与实践[N]. 浙江日报,2021-03-26(3).

集思广益基础上的果断果敢,而不是闭塞视听之下的武断专擅。

三、支持司法机关依法独立公正行使司法职权

早在 2006 年,时任浙江省委书记习近平在"法治浙江"工作领导小组第一次会议上强调,要建立"司法机关公正司法的支持、监督和保障机制,以及考评、激励机制"。[①] 在法治浙江的建设道路上,要做到党支持司法、领导司法,必须落实宪法中保证人民法院、人民检察院依法独立公正行使审判权和检察权的原则,必须以适应司法特点的方式坚持和加强党的全面领导。

在推进法治浙江建设过程中,支持司法机关依法独立公正行使司法职权的一个重要制度切入点是完善领导干部干预司法、插手过问案件的记录和责任追究制度。目的在于约束住"关键少数",从而支持司法机关独立行使职权。要从根本上杜绝各级党的机关、人大机关、行政机关、政协机关、审判机关、检察机关、军事机关,以及公司、企业、事业单位、社会团体中具有国家工作人员身份的领导干部以"党的领导"的名义对具体案件"递条子""打招呼",以免侵害司法公信力。

法治的正确实施,需要有效的依法监督。习近平的法治思维方法蕴含着加强对权力运行的制约,确保国家机关和公务人员按照法定权限和程序行使权力的丰富内涵,体现了从立法、执法、司法、守法,到依法监督的闭环过程。[②]

---

① 周咏南.认真贯彻构建和谐社会要求扎实推进"法治浙江"建设[N].浙江日报,2006-12-19(1).

② 浙江省中国特色社会主义理论体系研究中心.习近平的法治思维方法在浙江的探索与实践[N].浙江日报,2021-03-26(3).

四、带头守法

在法治浙江建设过程中,带头守法的本质是依法执政,依法执政是依法治国的关键。浙江省各级党组织和领导干部应当深刻认识到,维护宪法法律权威就是维护党和人民共同意志的权威,捍卫宪法法律尊严就是捍卫党和人民共同意志的尊严,保证宪法法律实施就是保证党和人民共同意志的实现。党员干部是全面推进依法治国的核心参与者、组织者和推动者,党员干部只有率先垂范,自觉树立法治思维,带头学法、传法、用法、守法,才能成为全民守法的领航者。

——主动尊法,发挥党组织尊崇法治、敬畏法律的模范作用。法律的权威来自人民内心真诚的信仰和坚定的拥护,这也是法治社会的前提。法国18世纪哲学家卢梭就曾经说过:"规章只不过是穹窿顶上的拱梁,而唯有慢慢诞生的风尚才最后构成那个穹窿顶上的不可动摇的拱心石。"最重要的法律,"既不是铭刻在大理石上,也不是铭刻在铜表上,而是铭刻在公民们的内心里"。①

——积极学法,充当了解法律、掌握法律的积极示范者。建立健全培训管理制度,加大对各级党员法治思维、法治方式、法治能力的培训。建立健全考核制度,丰富考核内容,建立考核评价机制,把考核评价结果列为干部选拔任用和各级党组织评先的重要依据,确保党员带头学法、主动学法,为建立学习型法治国家起到关键的带头作用。

——科学用法,发挥党组织厉行法治、依法办事的带头作用。科学把握权力边界,牢固树立规则意识。坚持自律与他律相结合,

---

① 卢梭.社会契约论[M].何兆武,译.北京:商务印书馆,1980:70.

在自觉遵守法纪中守住党和人民交给的政治责任,守住自己的政治操守,守住人生底线。对违反制度踏"防线"、踩"红线"、越"底线"、闯"雷区"的人和事,绝不能视而不见、避重就轻,坚决把责任追究到具体部门,把板子打到当事人身上,以实际行动确保制度规定刚性执行、有效落实。

第三节　党内法规制度体系建设

党的十九大报告从事关党长期执政和国家长治久安的战略高度,对推进新时代党内法规制度建设作出重大部署,明确了新形势下党内法规制度建设的战略定位、努力目标和实现路径,也为浙江省党内法规制度体系建设指明了方向。

一、建立健全省级党内法规制度体系

(一)主要目标

浙江省第十四次党代会在部署"两个高水平"建设的目标任务时,较早地提出了今后五年省级党内法规制度体系基本形成的目标。根据中央的顶层设计精神,我们认为,上述目标具体包含以下三方面内容。

——健全党的领导法规制度。按照党章提出的"党必须按照总揽全局、协调各方的原则,在同级各种组织中发挥领导核心作用"这一根本要求,浙江省健全党领导改革、经济、政治、法治、文化、社会、生态文明、外事、国防和军队,以及党的组织、宣传、纪检监察、群众、统战等方面工作的党内法规制度,通过把党的领导活动纳入制度化轨道,达到坚持和加强党的全面领导的目的。

——健全党的建设各方面法规制度。浙江省为了全面实现党的"五大建设"(政治建设、思想建设、组织建设、作风建设、纪律建设)制度化,采取纵向到底、横向到边的方法,全方位推进党内法规制度建设。在横向上,既要实现党的"五大建设"各方面工作的制度化规范化程序化,又要针对每个方面党的建设工作建立健全体制机制,全面实现用制度管人管权管事;在纵向上,无论是省级地方党委及其工作部门,还是各类党的基层组织,都要落实依规治党要求,通过制定和实施党内法规制度全面推进党的"五大建设"活动。①

——统筹推进依法治国和依规治党。浙江省注意把握依法治国和依规治党的关系。其一,依法治国和依规治党相对独立。依规治党和依法治国各自聚焦解决治党和治国问题,二者在功能定位上各有侧重、相对独立,既不能缺位,更不能错位越位,避免出现"依规治国"或者"依法治党"。其二,依法治国和依规治党相辅相成。一方面,依规治党要以依法治国为基础。究其根本而言,依规治党和依法治国都奉行规则之治,都旨在寻求在制度轨道上开展活动,而宪法法律为包括党组织和党员在内的一切组织和个人提供了基本行为规则。另一方面,依法治国要靠依规治党来保障。党的领导是中国特色社会主义法治最本质的特征和最根本的保证,如果不坚持依规治党、将党领导法治建设活动纳入党内法规轨道,那就难以实现法治建设目标。

(二)实现路径

浙江省省级党内法规制度体系的建设,应当以《中央党内法规制定工作第二个五年规划(2018—2022年)》("二五"规划)为遵循,

---

① 宋功德.深刻领会"把制度建设贯穿其中"[J]. 秘书工作,2018(1):26-29.

在纵向和横向两大维度上予以推进。在纵向维度上,首先,以党章为总枢纽,依靠准则、条例铺设的"高速公路"和其他中央党内法规及部委党内法规铺设的"国道",制定修订一批规则、规定、办法、细则,铺设好浙江省党内法规的"省道";其次,积极做好市县党委建章立制工作,铺设"市县公路";最后,加强党的基层组织制度建设,铺设打通"最后一公里",实现"村村通"的"乡村公路"。通过制度建设对党的"五大建设"的全覆盖,实现在纵横交错的制度化轨道上有序推进党的建设各方面工作。在横向维度上,根据"二五"规划提出的明确要求,着力从完善党的组织法规制度、党的领导法规制度、党的自身建设法规制度,以及党的监督保障法规制度等四个方面,做好浙江省党内法规制度重点项目的计划和制定工作。

——加强法规实施,提升制度执行力。一是开展宣传教育,推动党员干部法规意识显著增强。首先,坚持以公开为原则、不公开为例外,加大党内法规公开力度。除涉及党和国家秘密不得公开或者依照有关规定不宜公开的事项外,一般应当公开。其次,加大宣传力度、拓宽宣传渠道,通过答记者问、发表评论员文章、开展在线访谈、播发系列述评等方式,加强党内法规制度宣传解读。再次,各地区、各部门应当不断推进"两学一做"学习教育常态化制度化,普遍通过举办专题培训班、报告会、研讨班等多种方式,组织学习党章党规,增强党员干部的制度意识、规矩意识。二是注重落实,推动党内法规落地生根。其一,明确执规主体责任。各级各类党组织无一例外都是党内法规的执行主体,要认真履行执行党内法规的主体责任,守土有责、守土尽责,各负其责、各执其规,严格执规、依规用权、依规办事,切实做到用法规制度管人管事管权,在法规制度轨道上推进党的领导和党的建设工作。其二,探索开展实施评估。积极探索党内法规实施评估工作,注重运用第三方评估方法,制定出台实施评估办法,通过科学评估做到对党内法规制定质量和实施情况的心中有数,推动提升党内法规制定质量和制度执行力。其三,强化督促检查。各地区、各部门要加强党内法规实施的督查工作,运用督促检查推动党内法规落实落地。要将党章和其他重要党内法规执行情况作为党员领导干部述职、考核和民主生活会对照检查的重要内容;将中央和省委重要党内法规制度贯彻落实情况列入党委督查和巡视巡察重要内容。

——倡导机制创新,促进党内法规制度同国家法律的衔接和协调。首先,推进党内法规制度"立改废释"常态化,不断提高党内立规制度的科学化、民主化、法治化水平;要定期开展党内法规制度清理工作,重点解决党内法规与国家法律不协调、不适应和不衔接的问题;通过法律或党内法规制度的解释使二者在语义上和意义上达到高度一致、互相兼容,即统筹推进、一体建设。其次,规范党政"共同立法",促进党规国法"互联互通"。应当逐步通过案例累积和制度建设统一认识,明确党政联合发文的适用范围;界定标准,明确党政联合发文的适用条件;严格把关,加大党政联合发文事前审核力度;强化监督,完善党政联合发文事后备案纠错机制。最后,建立和完善依规治党与依法治国统筹协调体制机制。在体制机制上,在人大、政府法治工作相关部门与党内法规制度工作部门之间建立协调推进的工作机制和工作程序,使党委法规工作部门与国家法治工作部门有效衔接、形成合力。

——推进党内法规制度理论研究,提供党内法规制度建设智力支撑。一是建设党内法治制度研究智库平台,追求党内法规研究"新高度"。依托高校、科研机构,围绕党内法规问题开展协同创新研究。积极推进新型智库建设,以省委重大决策的支撑性服务为支点,引导研究人员参与党内法规制度领域的重大课题研究,及时向省委呈报有关对策报告和研究成果。二是找准理论创新切入点,梳理党内法规制度建设"新经验"。结合省委决策部署,确立一批理论与实践相结合的课题,通过课题研究解决党内法规制度建设的基础理论性问题,解决党内法规制定与实施中的应用对策性问题。三是把握人才建设着力点,布局党内法规发展"新战略"。推动党内法规理论研究队伍、后备人才队伍建设,加强党内法规干部培训工作,为提升党内法规专门工作队伍综合素质提供支持。

二、完善党内规范性文件备案审查制度

(一)党内规范性文件备案审查的重要性

党内规范性文件审查制度是党内法规制度体系的重要内容,浙江省的法治建设离不开对党内规范性文件审查制度的落实和促进。2013 年,浙江省委制定下发了《中国共产党浙江省委员会党内法规和规范性文件备案细则》《中共浙江省委办公厅备案工作规程》。近年来,虽然党内规范性文件备案审查制度不断完善,但仍然存在审查范围过窄、审查机构不健全、审查程序存在缺漏、审查责任定位模糊等问题。理论界对于党内规范性文件备案审查也缺乏必要的关注,目前研究的重点主要集中在党内法规制度体系与法律体系之间的审查模式衔接等问题上,且仅仅关注《中国共产党党内法规制定条例》所确定的党内法规和党内规范性文件,较少关注效力位阶较低但数量巨大的低位阶党内规范性文件,忽略了审查制度运行中的一些重要问题。因而,有必要进一步提高对于党内规范性文件备案审查制度的认识和重视程度。

首先,党内规范性文件备案审查是完善党内法规制度体系的重要内容和方法。促进法治浙江建设,完善的党内法规制度体系是依规治党的基石,为了确保党内法规制度体系本身的科学性、权威性,就需要有完善的党内规范性文件审查。制定和颁行规范性文件是各级党组织开展工作的重要方式,保障这些党内规范性文件的合法性、权威性与合理性,对于加强党的自身建设和提升党的治国理政水平都具有重要作用。

其次,党内规范性文件备案审查是实现党内法规制度体系与国家法律体系衔接和协调的重要途径。浙江省要正确认识两个规范之间的关系,既不能机械地"将党内法规上升为国家法律",也不能片面地追求"统一"或"一致",更不能"促进二者从形式到内容的完全一致",而是需要通过建立一套联动机制确保两个规范体系自洽周延、不相抵触,在维护宪法和法律尊严的基础上,保持两个规范体系相互呼应、协同和承接的良性互动,而党内规范性文件备案审查制度正是达成这一目标的重要手段和路径。

(二)党内规范性文件备案审查制度的完善路径

根据中央顶层设计要求,借鉴各地经验,建议从以下几个方面完善浙江省党内规范性文件备案审查制度。

——科学界定党内规范性文件范畴。针对党内规范性文件外延过小的难题,首先需要科学界定党内规范性文件的范围,找出识别党内规范性文件的标准。将市、厅级党组织制定的规范性文件纳入党内规范性文件范畴并实施备案审查是完全可行的。一方面,党内规范性文件的字面含义完全能够涵盖省部级党委以下机关所制定的规范性文件,没必要重新创造一个新概念来指称这些规范性文件。另一方面,行政法理论中也有可资借鉴的类似用法。

行政规范性文件,是指行政主体为实施法律和执行政策,在法定权限内制定的除行政立法以外的决定、命令等普遍性行为规则的总称。党内规范性文件与行政规范性文件具有很多相似之处,为此,借鉴行政法理论对行政规范文件的界定方法是完全可行的。可以将党内规范性文件界定为:由党组织制定的,除党内法规以外的能够反复适用并具有普遍约束力的行为规范。确立判断某个文件是否属于党内规范性文件的五个标准:第一,制定机关是否属于党组织;第二,是否具有普遍适用性;第三,是否能够反复适用;第四,是否符合制定程序;第五,不属于党内法规。凡是满足这五项要求的,都应当被纳入党内规范性文件范畴。

　　——确立明晰的党内规范性文件审查主体。党内规范性文件审查机构不健全的主要原因在于审查主体不明确。就现实中的党内规范性文件审查而言,党内规范性文件主要由其制定机关自身进行审查。对于如何确立明晰的党内规范性文件审查主体,目前主要有三种提议。一是充实和完善现有党内规范性文件备案审查机构的建制。此种方案以《中国共产党党内法规和规范性文件备案审查规定》等党内法规确立的备案审查体系为基础,旨在强化既有审查制度的落实。目前各级党委法规工作机构与同级政府法制工作部门[原来的法制办及机构改革后的司法部(厅、局)]相比规格普遍偏低,为适应新形势、新任务的需要,需要在条件成熟时适当提升党委法规工作机构规格。二是在党外建立相应的审查机构,如建立"人大审查制度"和"司法审查制度"等。建立党内法规人大审查制度的逻辑基础在于,党内法规实际上兼具硬法和软法的特征,这对中国共产党以外的公民权利具有强大影响,应当被纳入现有的合法性审查体系之中。如果宪法和法律规定的组织与其他主体认为党内规范性文件同宪法或法律存在抵触情形,就可以向全国人大常委会提出审查建议,从而启动党内规范性文件的审查程序。在党内规范性文件审查程序启动之后,全国人大专门委员会可以视情形向制定机关提出书面审查意见、到会说明情况或者向委员长会议提出予以撤销的议案。与人大审查制度类似,党内规范性文件的司法审查制度也秉持着类似理由,但更为激进,主旨是在党外建立一个相对独立的审查机构。三是建立党内党外二元联动审查机制。党内党外二元联动审查机制的实质是党内规范性文件的原有审查机制依然存在,但同时还要引入人大审查等党外审查机制。这种提议又包含了两种不同观点:一种观点认为应当只就党委和政府联合发布的规范性文件实施联动审查;另一种观点则认为应当就所有党内法规建立二元联动审查制度。

——严格党内规范性文件审查程序。严格党内规范性文件审查的程序,需要明确党内规范性文件审查的启动条件,同时设定审查时限、时序、空间等方面的要求。党内规范性文件的启动程序主要是解决两个问题,即何种主体有资格启动审查机制,以及什么情况下能够启动审查机制。《中国共产党党内法规和规范性文件备案审查规定》中设立的审查发起程序基本上形同虚设,需要重新完善。有人提出,要建立一种党内法规与法律之间的联动衔接审查机制,"若有关党组织发现党内法规与国家法律规范相抵触,或者收到此类线索,亦无权径自予以修改或撤销,应当通过衔接联动机制向有处理权限的党组织提出纠正建议或转送线索"。这种提议实际上与地方性法规、行政规章等法规的审查机制类似,都是强调在特定情形下由制定机关以外的主体来推动发起审查。如果采纳此种方案,就可以参照《立法法》第九十九条、第一百条的规定,建立"主动审查"和"被动审查"相结合的二维审查机制。所谓"主动审查",也就是如《立法法》所规定的由人大内设的专门委员会等机关主动开展的审查,由党内规范性文件制定机关的上级党组织来主动进行审查,现有的审查机制就是纯粹的"主动审查"。所谓被动审查,就是仿照国家机关、社会团体、企业事业组织以及公民向人大常委会提出审查申请并由后者开展的审查模式,赋予一定范围内的党组织、党员等主体发起审查的权利,从而开启党内规范性文件的审查。此外,党内规范性文件审查时限、时序、空间等方面的程序规则,也都可以根据审查的实际需要,结合人大、政府开展规范性文件合法性审查的实践经验,设置合理的标准。

三、推进党务公开

对标新目标新定位,浙江省坚决扛起作为中国革命红船起航地、改革开放先行地、习近平新时代中国特色社会主义思想重要萌发地的政治自觉和政治担当,以"最多跑一次"改革为牵引,着力构建组织、管理、发布、制度、监督五大体系,推进党务公开工作在继承中发展、在巩固中深化,为全国提供更多浙江素材、积累更多浙江经验。2019年,浙江省专门召开全省党务公开工作现场会,进一步统一思想认识、总结试点经验、明确工作要求、加大工作力度,在全省全面推广试点经验、纵深推进党务公开,翻开了浙江省党务公开工作的新篇章。目前,浙江省上下公开意识明显增强,逐步实现了"要我公开"向"我要公开"转变、"结果公开"向"过程公开"转变、"单向公开"向"互动公开"转变;公开机制不断健全,内容更加全面、载体更加丰富、程序更加严谨,初步构建了省市县乡四级联动的党务公开工作体系;公开成效逐步显现,干部作风明显好转,党群关系更加密切,全面从严治党扎实推进,广大群众"秉持浙江精神,干在实处、走在前列、勇立潮头"的干劲进一步激发,有力保障和促进了浙江"两个高水平"建设。

(一)推进党务公开的重要性

党务公开作为党内民主的前提和基础,是推进党内民主、净化政治生态的重要一环。落实党员知情权、参与权、选举权、监督权,进一步提高党员对党内事务的参与度、知晓度,是广大党员的民意诉求和民主权利,更是中国共产党一直努力的方向。

监督是最前端的防腐关卡,公开是最便捷的监督通道。党务公开就是要将所有"微腐败"置于舆论监督之下,与群众利益联系密切的重大决策,做到线上线下全公开,党内党外共监督。各级党委实行党务公开,有利于保障党员主体地位和民主权利,以党务公开营造党内民主讨论的和谐环境,以党务的公开透明来提高党的公信力,以保障党员民主权利增强党的凝聚力,从而不断提高各级党组织的创造力、聚合力、战斗力。

(二)党务公开的实践路径

阳光是最好的防腐剂。促进党务公开,需要致力于常态化的透明党政建设。据此,浙江省可以从以下两个方面推进党务公开。

——准确把握党务公开的基本原则。党务公开是指将党内事务的内容、程度、结果等在一定范围内进行公布。它是广大党员群众了解、参与党内事务的有效途径,是扩大党内民主、增强基层党组织凝聚力的现实要求。一要求发扬民主,广泛参与。以落实党员的知情权、参与权、选举权、监督权为重点,进一步提高党员对党内事务的参与度,充分发挥党员在党内生活中的主体作用。拓宽党员意见表达渠道,营造党内民主讨论、民主监督的环境,调动广大党员的积极性、主动性和创造性。二要求积极稳妥,注重实效。

坚持自上而下的指导和自下而上的探索相结合,坚持先党内后党外,循序渐进,讲求实效,防止形式主义。党内事务除涉及党和国家秘密等依照规定不宜公开或不能公开的外,都应向党员公开。公开内容应真实、具体,公开形式应多样、便捷,并保证党务公开的时效性和经常性。三要求统筹兼顾,改革创新。把党务公开与政务公开、厂务公开、村(居)务公开和公共事业单位办事公开等有机结合起来,相互促进、协调运转。积极适应党内基层民主建设的新要求,不断完善公开制度,丰富公开内容,创新公开形式,努力探索党员发挥作用的途径和方式。四要求区别情况,分类指导。针对不同类型的党的基层组织的特点,确定相应的公开内容和形式,提高党务公开的针对性和有效性。

——明晰党务公开的程序。一是制定详细完善的公开清单。二是落实实施公开,确保各级党委及基层组织党务公开依照清单进行,例外情况需经上一级党组织审核同意后进行公开。三是注重收集反馈,广开言路,各级基层党组织书记应当认真收集群众、党员对党务公开情况的意见与建议,及时作出反馈与调整。

◆◆ **案例 3-3**

党务公开的湖州实践

"让阳光照亮党务、让权力在阳光下运行。"2019 年以来,湖州在全市域深入开展党务公开试点工作,深入推进市县乡村四级党务公开工作步入常态化、制度化、规范化轨道,为浙江全省提供了"湖州经验"。

市委带头抓统筹谋划。2019 年 8 月初,湖州市委常委会专题听取市委党务公开实施方案和目录制定工作情况汇报。之后,下发市委党务公开实施方案和党务公开目录,建立起市委领导负责、市委办牵头、市有关单位参与的统筹协调机制。市委办负责统筹协调、督促指导全市面上党务公开工作。

部门联动抓组织实施。探索建立"5＋2＋N"工作机制,市纪委、市委办、市委组织部、市委宣传部、市大数据局5家单位定期会商、协作配合,长兴县、吴兴区2个县(区)开展试点、有序推进,其他单位积极参与。试点开展以来,共开展集中会商5次,研究解决了党务公开方案目录制定、党务公开平台载体设计、重点工作安排部署等重点问题。

上下协同抓队伍建设。各县(区)和市纪委、市委各部门择优配备1名干部担任党务公开联络员,负责日常工作。两次举办全市党内法规工作业务培训班,累计培训260余人次。

综合比选抓试点培育。经过县(区)和部门推荐比选,选择67家单位作为全市党务公开试点培育单位,进行"入库培育",基本实现各县(区)试点全覆盖和九大领域基层党组织全覆盖。

制定好党务公开实施方案。湖州以《中国共产党党务公开条例(试行)》和《中共浙江省委贯彻〈中国共产党党务公开条例(试行)〉实施细则》为蓝本,研究制定了市委全面深化党务公开工作实施方案,明确了党务公开工作的时间表、路线图和责任书,划分了启动实施、试点先行、督查推进、总结完善四个阶段,对公开平台、审批程序、制度机制等作出了具体规定。同时,要求县(区)、乡镇(街道)、村(社区)遵照上级文件,明确党务公开工作的责任单位、公开程序、公开方式等,逐项分解抓好责任落实。

编制好党务公开目录。湖州紧紧围绕"公开什么、谁来公开、向谁公开、怎么公开"等关键问题,将各级党组织公开内容、责任单位、公开时间、公开方式等,以目录形式逐条逐项予以列明。同时,建立党务公开目录报备机制,压实各级各部门党组织目录报备责任。目前,所有县(区)党委和90%以上的市直单位党委(党组)已向市委报备党务公开目录。

案例来源:沈言.党务公开的"湖州样本"[J].今日浙江,2020(5):50-51.

案例简析 >>>

让群众评判党务,实现了党的根本宗旨的自觉践行。湖州坚持把党务公开作为推动国家治理体系和治理能力现代化的有效抓手,全面公开关乎群众利益的重大事项,提高了基层党组织的公信力、凝聚力和战斗力。长兴县洪桥镇党委以"决策一律公开、执行一律公开、结果一律公开"的全程公开模式推进小城镇环境整治,实现了"不花钱、少花钱、办成事",未发生一起群众信访投诉案件,使整治工程变成了民心工程,基层党员干部群众纷纷点赞。

◆ 本章小结

坚持党的领导是社会主义法治的根本要求,是中国特色社会主义法治之魂。本章围绕党的领导在浙江法治建设中的核心作用,对习近平法治思想在浙江区域法治的探索与区域治理的运用作出了梳理,展现了党总揽全局的制度优势在浙江法治建设中的发挥,明晰了党的领导在浙江法治事业中的现实路径与贯彻。

◆ 思考题

1. 党领导立法,具体可以从哪些现实路径入手?

2. 党员干部特别是领导干部如何提高贯彻习近平法治思想的能力?

◆ 拓展阅读

1.《中共中央关于全面推进依法治国若干重大问题的决定》辅

导读本[M].北京:人民出版社,2014.

2.中共中央文献研究室.习近平关于全面依法治国论述摘编[M].北京:中央文献出版社,2015.

3.习近平.论坚持全面依法治国[M].北京:中央文献出版社,2020.

人民群众对立法的期盼,已经不是有没有,而是好不好、管用不管用、能不能解决实际问题;不是什么法都能治国,不是什么法都能治好国;越是强调法治,越是要提高立法质量。这些话是有道理的。我们要完善立法规划,突出立法重点,坚持立改废并举,提高立法科学化、民主化水平,提高法律的针对性、及时性、系统性。要完善立法工作机制和程序,扩大公众有序参与,充分听取各方面意见,使法律准确反映经济社会发展要求,更好协调利益关系,发挥立法的引领和推动作用。

——摘自习近平在十八届中央政治局第四次集体学习时的讲话①

第四章　科学立法,完善规则供给体系

◆◆　本章要点

　　1.建设中国特色社会主义法治体系,必须抓住提高立法质量这个"牛鼻子"。推进科学立法、民主立法、依法立法,是实现良法善治的根本途径。要发挥人大及其常委会在立法工作中的主导作用,维护法治统一,进一步提升设区的市的地方立法能力和水平。

　　2.科学完备、灵活多样、富有可操作性和适时动态调整的地方立法机制是高质立法的前提和保障。需要在规划和选题机制、起草机制、公众参与机制、审议表决机制等方面进行完善,大数据立法机制的探索也是重要面向。

　　3.立法资源有限,确定立法项目时要强调科学规划、统筹安

---

　　①　中共中央文献研究室.习近平关于全面依法治国论述摘编[M].北京:中央文献出版社,2015:43-44.

排、协调发展,始终保持正确工作方向,加快重点领域立法,发挥立法先行作用,为改革发展保驾护航。浙江省在促进高质量发展、促进民主政治建设、促进教育文化事业发展、促进民生改善和社会治理创新、促进生态文明建设等领域的重点立法成果斐然。

我国是成文法国家,立法是执法和司法的前提和依据,立法质量直接影响严格执法、公正司法和全民守法乃至整个依法治国战略的整体进程,因此,通过科学立法高质量供给规则体系是全面推进依法治国战略的关键环节。根据《中共中央关于全面推进依法治国若干重大问题的决定》,"法律是治国之重器,良法是善治之前提。建设中国特色社会主义法治体系,必须坚持立法先行,发挥立法的引领和推动作用,抓住提高立法质量这个关键"。① 实际上,早在 2003 年 1 月 22 日,刚刚当选浙江省人大常委会新一届主任的习近平在接受记者采访时就高屋建瓴地指出:"要进一步加强地方立法,不断完善立法机制,提高立法质量,抓紧制定一批浙江省经济社会发展急需的地方性法规。"②他在浙江工作期间关于立法质量的论述和实践探索为浙江注入了制度活力,助力浙江不断高质量发展。

第一节　完善地方立法体制

完善地方立法体制是提高地方立法水平和地方性法规质量的

---

① 全国人大常委会办公厅,中共中央文献研究室.人民代表大会制度重要文献选编(四)[M].北京:中国民主法制出版社,中央文献出版社,2015:1805.

② 张文.浙江新任人大主任习近平表示:以民为本 不负重托[N/OL].中新网,2003-01-22[2021-09-25].http://www.chinanews.com/n/2003-01-22/26/266376.html.

重要保障。2014年12月4日通过的《中共浙江省委关于全面深化法治浙江建设的决定》专门就"完善地方立法体制机制"作了重点部署："加强党对立法工作的领导，完善党委对地方立法工作中重大问题决策的程序。有立法权的地方人大制定五年立法规划，报同级党委批准。地方立法涉及本行政区域内重大体制和重大政策调整的，必须报同级党委讨论决定。地方性法规制定和修改的重大问题，人大常委会党组应向同级党委报告。坚持党委研究重要法规、规章草案制度。"

一、科学立法、民主立法、依法立法

建设中国特色社会主义法治体系，必须抓住提高立法质量这个"牛鼻子"。而推进科学立法、民主立法、依法立法，则是提高立法质量，实现良法促进发展、保障善治的根本途径。[①] 浙江省实际上较早践行了上述立法理念，并在科学立法、民主立法、依法立法实践方面作了较多有益的探索和创新。

地方立法不可避免受到科学理论和方法的指导。如果离开科学的理论和方法指导，地方立法就不可能建造出高质量的规则体系。因此，需要运用综合性手段推进科学的地方立法。《中共浙江省委关于全面深化法治浙江建设的决定》强调紧紧围绕科学立法，并提出在健全地方法规规章方面走在前列的目标。浙江人大在数字化改革中，充分利用大数据、人工智能等技术，对海量信息进行高效精准汇总、梳理、分析、论证，提炼出有价值意见，对浙江的立法事业起到很好推动作用。在大数据、人工智能等技术辅助立法方面，浙江已经走在前列。

---

① 郑文睿.新时代科学立法民主立法依法立法的价值意蕴[N].光明日报,2018-05-31(6).

　　我国宪法规定我国是人民民主专政国家,一切权力属于人民。2000 年颁行的《立法法》第五条明确规定:"立法应当体现人民的意志,发扬社会主义民主,坚持立法公开,保障人民通过多种途径参与立法活动。"第六条规定:"立法应当从实际出发,适应经济社会发展和全面深化改革的要求,科学合理地规定公民、法人和其他组织的权利与义务、国家机关的权力与责任。"这是人民民主专政对立法的切实要求。2006 年,《浙江省人民代表大会常务委员会关于建设"法治浙江"的决议》就强调"完善重大决策的规则和程序,扩大人民群众的参与度,推进决策的科学化、民主化""科学制定立法计划""扩大立法民主"。①《中共浙江省委关于全面深化法治浙江建设的决定》提出:"健全立法机关主导、社会各方有序参与立法机制,探索委托第三方起草法规规章草案。健全立法机关和社会公众沟通机制,开展立法协商,探索建立有关国家机关、社会组织、专家学者等对立法中涉及的重大利益调整论证咨询机制。深化立法项目公开征求意见和逐项论证评估机制,健全法规规章草案公开征求意见和公众意见采纳情况反馈机制。"这是浙江省在立法过程中对民主立法的忠实追求和具体贯彻。浙江人大针对长期困扰人大法规草案直接征求群众意见难,群众关注度低、群众直接意见少的问题主动作为,充分发挥数字媒体传播对象精准,传播速度快、传播面广、互动反馈直接方便,收集意见精准快捷的优势,开发并利用"立法民意通"等小程序,显著扩大了法规草案影响度和人民群众的接触率,大幅提高了群众意见收集数量,体现出鲜明的民主性。以台州人大制定《台州市养犬管理条例》时应用"立法民意通"

---

　　① 浙江省人民代表大会常务委员会关于建设"法治浙江"的决议[N].浙江日报,2006-05-25(2).

为例,直接接收到草案的人群达 40 万之多,参与对草案发表意见的人数超过 12 万。收集到人民群众对该草案的意见建议 160 余万条。通过这种广覆盖、易参与的数字化方式,也增加了人民群众在参与地方立法中的获得感,生动体现了过程民主和成果民主、程序民主和实质民主、直接民主和间接民主、人民民主和国家意志相统一的全过程人民民主。①

对于依法立法,《中共浙江省委关于全面深化法治浙江建设的决定》明确提出要求:"正确处理全面深化改革与全面深化法治浙江建设的关系,坚持重大改革于法有据,坚持用法治方式推进改革,确保改革沿着法治轨道前进。"

◆◆ **案例 4-1**

浙江首个立法研究院落户杭州——
汇聚各方资源推动智慧立法建设发展

为推动地方立法工作更好地适应新时代新要求,2018 年 1 月 20 日,浙江立法研究院在杭州召开成立大会。浙江立法研究院旨在汇集各方英才,引领智慧立法,提升立法研究水平,更好地服务于立法工作,是推动科学立法、民主立法的重大举措和机制创新。

浙江立法研究院将立足浙江、面向全国,围绕国家和地方的重大立法任务,积极主动开展研究,及时提出有突破、有创新、有影响力的研究成果,并针对立法工作中存在的困难和问题,创新研究方法,拓宽研究思路,通过参与立法项目、组织论证咨询、自主开展研究等途径,加强对立法基础理论和立法实务的全局性、前瞻性研

---

① 杨鸣佳.依"法"治犬再添文明"底色"——全过程人民民主台州立法实践[N].台州日报,2021-12-06(1).

究,不断提高研究能力和水平。同时,浙江立法研究院还将举办专业培训班和业务研讨会、进行专题学习辅导等方式,加强立法理论和实务人才的培养,为省、各设区的市及各兄弟省区市人大提供高效优质、全方位的立法服务和人才保障。

浙江省人大常委会负责人表示,成立浙江立法研究院,有利于打造一流立法智库,为高质量立法提供智力支撑,有利于推动理论和实践的深度融合,确保浙江省地方立法工作继续走在全国前列。

案例来源:王春.浙江首个立法研究院落户杭州—— 汇聚各方资源推动智慧立法建设发展[N/OL].法制网,2018-01-22[2021-03-31].http://www.legaldaily.com.cn/index/content/2018-01/22/content_7454039.htm

案例简析 >>>

科学立法离不开法治队伍建设,浙江立法研究院作为高端研究智库平台,整合了浙江省人大、浙江大学和其他高端智库等一流平台的资源和优势,有益于汇聚各方人才,为浙江省开展科学立法添砖加瓦,势必将给浙江的地方立法带来更多支持。浙江立法研究院将助力浙江省在互联网等新兴领域的立法实践研究,发展互联网、大数据、人工智能等领域的法治建设建设,并通过立法计划智能化、立法设计智能化、立法评估智能化推进全方位的科学立法,全面提升立法质量,为浙江高质量发展供给高质量规则体系。

二、发挥人大及其常委会在立法工作中的主导作用

浙江省人大严格遵守《宪法》规定,积极发挥浙江人大及其常委会在立法工作中的主导作用。《宪法》第五十七条规定:"中华人民共和国全国人民代表大会是最高国家权力机关。它的常设机关是全国人民代表大会常务委员会。"第九十六条规定:"地方各级人民代表大会是地方国家权力机关。县级以上的地方各级人民代表

大会设立常务委员会。"人大及其常委会在立法工作中起着主导作用。实际上，2006 年的《中共浙江省委关于建设"法治浙江"的决定》就已经指出，"支持和保证人大及其常委依法行使各项职权"，"支持和保证省和有地方立法权的市县人大及其常委会行使地方立法权"。浙江省人大在这方面积极探索，不断推陈创新，并从理论高度总结出需要正确处理的三对关系。

——正确处理党领导立法和人大主导立法的关系。地方人大开展立法活动接受党的领导，党对立法的领导是支持人大依法履行职责的政治保证。2004 年浙江出台的《关于进一步加强人大工作的意见》强调加强并改进了党对人大的领导，要求各级党委把人大工作纳入总体工作布局，摆上重要议事日程。要及时研究解决人大工作和民主法制建设中的重大问题，每届至少召开一次人大工作会议，每年定期听取人大工作专题汇报，并及时答复人大常委会党组请示的问题。各级党委要按照"总揽全局、协调各方"的原则，进一步规范党委与人大的关系，支持人大依法履行国家权力机关的职能，积极帮助解决人大依法行使职权中遇到的困难和问题；支持人大、政府、法院、检察院按照法定职能，独立负责、协调一致地开展工作。充分发挥人大常委会党组的领导核心作用。完善人大常委会党组向同级党委请示和报告工作制度，人大及其常委会开展的立法、监督、决定重大事项和选举任免等工作中的重大问题，人大常委会党组要事先向同级党委报告，同时，及时传达党委重要会议及文件精神，使人大常委会组成人员和人大机关工作人员了解党委的重要工作部署。各级党委要把人民代表大会制度和民主法制建设的宣传纳入党委宣传工作的总体部署，大力加强对人民代表大会制度和人大工作的宣传和研究。

——正确处理人大主导和公众参与的关系。人民直接参与立法和整个法治建设对于维护切身利益意义重大。浙江省在法治建设中一直把公众参与放在极高位置:"为民办实事对象是'民',要把群众的呼声作为第一信号,问需于民、问计于民、问情于民,掌握民情、分析民意,民主决策、科学安排,落实好为民办实事项目,做到让人民群众参与、让人民群众做主、让人民群众受益、让人民群众满意,真正使群众成为利益的主体。"①《中共浙江省委关于建设"法治浙江"的决定》也强调"民主立法"和"决策民主化"等。2004年11月11日,浙江省人大常委会宣布首次面向全省公开征集立法建议项目,让更多的公民参与立法,广泛吸纳公众意见,使人大立法更具针对性、更加完善。群众可以通过寄送书面建议、发送电子邮件或网上提交的方式,针对全省政治、经济、社会发展等各方面需要通过立法解决的问题,或现行地方性法规不适应形势需要修改的部分,向浙江省人大提出自己的建议。浙江省人大法制办安排专人整理征集建议。群众的立法建议经过汇总、筛选,并由专门委员会、专家会议论证分析后,有望被列入下一年度浙江省人大的立法计划,或进入全省地方立法项目库作进一步调研。从2000年开始,浙江省就通过立法听证、登报公布、设立专门网页等多种形式,听取社会公众对即将通过的法律条文的意见和建议。此后,浙江省人大每年在编制立法计划时,都公开征集立法建议,为公民表达立法意见提供畅通渠道,更好地体现民情、民智、民意。②

——正确处理人大主导和专家参与的关系。针对大批专家学

---

① 习近平.之江新语[M].杭州:浙江人民出版社,2007:245.

② 李晓鹏.浙江首次公开征集立法建议项目[N/OL].浙江日报,2004-11-12[2022-06-07]. http://zjnews. zjol. com. cn/05zjnews/system/2004/11/12/003588739. shtml.

者在实践中参与到立法中来充实立法队伍的现象与问题，也需解释和回应。《中共浙江省委关于建设"法治浙江"的决定》指出："加强立法队伍建设，实行立法工作者、实际工作者和专家学者三结合。"这三种力量共同汇聚成立法队伍。2009 年，浙江省建立法专家库，40 位来自法学、经济学、金融学、劳动和社会保障等方面的专家、学者，将为立法提供智力支持。立法专家库的建立，有助于进一步解决"政府立法部门化""部门利益法制化"的问题，提高政府立法工作的质量和效率。

◆◆ **案例 4-2**

《浙江省国有土地上房屋征收与补偿条例》
——旧城改造征收房屋，住户说了算

《浙江省国有土地上房屋征收与补偿条例》已于 2014 年 5 月经省人大常委会审议通过。针对旧城改造是领导干部说了算还是市民群众说了算这个问题，该条例也做了明确的规定。"在旧城区改建前应当先进行意愿征询，百分之九十以上被征收人同意改建的，方可进行旧城区改建；同时要求补偿协议的签约比例不得低于百分之八十，低于百分之八十的，房屋征收决定效力终止。"不过，这一规定仅适用于因旧城区改建而征收房屋的情形，其他因公共利益需要征收房屋，如因政府组织实施的科技、教育、文化、卫生、体育、环境保护等公共事业的需要征收房屋的，不适用上述制度。

为了避免在征收补偿过程中暗箱操作，做到公开透明和工作公平，该条例对房屋征收补偿范围的公告、被征收房屋的权属状况调查认定结果的公布、征收补偿方案征求意见情况的公布、房屋征收决定的公告、相关补偿标准的公布、房屋征收决定效力终止的公

告、补偿决定的公告、征收补偿费用使用情况审计结果的公布等一系列结果公开制度作了规定。该条例还根据便于被征收人和社会公众知晓的原则，对结果公开的载体作了明确，要求房屋征收决定、补偿决定和房屋征收决定效力终止的公告在房屋征收范围内的住宅小区主要出入口、公告栏等醒目位置张贴，通过政府门户网站、报纸等媒体发布。

案例来源：李利．浙江规定房屋征收补偿价不低于市场价9成人同意方能改建［N/OL］．浙江在线，2014-09-29［2021-03-10］．https://zjnews.zjol.com.cn/system/2014/09/29/020282711.shtml.

案例简析 >>>

我国是社会主义国家，实行人民民主专政，一切权力属于人民，《浙江省国有土地上房屋征收与补偿条例》对于旧城区改建征收房屋须经百分之九十以上被征收人同意的规定充分征求和尊重了民意，体现了民主原则。这是人民本位思想在地方立法的重要实践，有利于规范政府行为。同时，民主立法让政府的征收行为充分暴露在阳光之下，有利于被征收人和社会公众加强对政府征收与补偿行为的监督，提高征收与补偿工作的透明度与公信力，最终提升国家的向心力和凝聚力。

三、加强备案审查，维护法治统一

浙江省人大在党的领导下积极开展备案审查，维护法治统一。"以行政许可法的实施为契机，规范和清理地方性法规，及时做好政府规章的备案审查工作，强化立法监督，维护国家法制的统一性和权威性。"①并且要求继续对杭州和宁波这两个拥有立法权的市

---

① 习近平．干在实处 走在前列——推进浙江新发展的思考与实践［M］．北京：中共中央党校出版社，2006：366.

的立法工作进行指导。习近平总书记一再强调维护宪法法律权威,指出"要完善宪法监督制度,积极稳妥推进合宪性审查工作,加强备案审查制度和能力建设,依法撤销和纠正违宪违法的规范性文件"。①党的十九届四中全会对此又作了庄严阐述。第23次全国地方立法工作座谈会专门提出"有件必备""有备必审""有错必纠"的明确要求。规范性文件的备案审查已经被提升到宪法性制度的高度,成为科学立法的重要补充。浙江省积极推动规范性文件备案审查这项制度。2020年3月,浙江省人大常委会决定对1979年至2018年底前制定的193件现行有效省的地方性法规和法规性决定,开展一次系统全面清理。浙江省十三届人大常委会第二十六次会议审议了《关于我省现行有效省的地方性法规全面清理工作情况的报告》。2020年度,浙江省人大常委会共分批打包修改了46件法规、废止了13件法规。②

2019年10月12日,第三届"之江立法论坛"暨"合宪性视野下的备案审查"研讨会在浙江顺利召开,就"合宪性视野下的备案审查"这一议题分三个单元进行了热烈、充分的讨论。全国人大常委会法规备案审查室梁鹰主任提纲挈领地指出了备案审查制度建设在全面推进依法治国进程中的重要作用。他表示中国的备案审查制度深深植根于中国制度和文化的土壤,其内容、形式和理论依据,都有别于西方的违宪审查制度。随着我国全面依法治国进程的不断推进,中国特色的备案审查理论体系迫切需要构建,为备案

---

① 袁曙宏.习近平总书记关于宪法的重要论述和我国宪法的修改[N].人民日报,2018-05-26(7).

② 张丽玮.浙江省2020年废止13件修改46件地方性法规[N/OL].人民网—浙江频道,2020-12-23[2022-06-06].http://zj.people.com.cn/n2/2020/1223/c228592-34490535.html.

审查实践提供理论支撑。本届论坛切中全面依法治国、加强宪法实施与监督的时代脉搏，体现了学术论坛的探索精神，为全国人大常委会法工委加强与地方人大的沟通和交流，了解学术界对备案审查制度最前沿研究成果，提供了十分难得的机会。会议达成了共识——高度重视备案审查的实践和理论研究，致力于维护法治统一。各方交流和切磋，反过来对备案审查工作的实践大有裨益。

四、提升设区的市的地方立法能力和水平

2015 年，经过修改的《立法法》第七十二条规定："设区的市的人民代表大会及其常务委员会根据本市的具体情况和实际需要，在不同宪法、法律、行政法规和本省、自治区的地方性法规相抵触的前提下，可以对城乡建设与管理、环境保护、历史文化保护等方面的事项制定地方性法规。"把地方性法规制定权扩大到设区的市。至 2018 年十三届全国人大一次会议通过宪法修正案，我国地方立法主体增加到 354 个，包括 31 个省区市、289 个设区的市、30 个自治州和 4 个不设区的地级市，设区的市在数量上是绝对主力。① 因此，着力提升设区的市的地方立法能力和水平至关重要。

赋予所有设区的市地方立法权，是全面深化改革、全面依法治国的必然要求。《立法法》修改后，浙江省人大常委会积极谋划、全力推进，明确温州等九个设区的市开始行使地方立法权的相关要求，于 2015 年 7 月和 9 月分别作出决定，在全国较早完成推动落实赋予所有设区的市行使地方立法权工作。浙江省设区的市在起步顺利、开局良好的基础上，不断提升立法能力，努力提高立法质量。在省市两级共同努力下，浙江省各设区的市较好地行使了地

---

① 杨维汉，陈菲. 改革开放 40 年，地方立法之"变"[N/OL]. 新华网，2018-09-28 [2021-09-25]. http://www.xinhuanet.com/legal/2018-09/28/c_1123497868.htm.

方立法权,普遍形成了党委领导、人大主导、政府依托、各方参与的立法工作格局,立法工作指导思想明确,立法工作体制机制逐步完善,立法工作和立法技术逐步规范,立法能力和立法质量逐步提高,出台了一大批突出问题导向、地方特色鲜明、回应社会关切,体现立法"精准化、精细化、精干化"要求的地方性法规。

《温州市危险住宅处置规定》(以下简称《规定》)的出台,是浙江省人大常委会扎实推进设区的市地方立法工作的一个缩影。《规定》全文共 10 条,1850 字,是目前国内条文数量最少的设区的市的地方性法规。同时,这也是浙江省温州市被赋予地方立法权后首部以"规定"体例制定的法规。虽然规定不分章设节,但 10 个条文条条不虚,款款务实,不但避免了与上位法的架床叠屋,还有效解决了当地突出问题,真正实现了选题精准、内容精细、框架精干。很多地方立法盲目追求大而全,少部分甚至东拼西凑照抄上位法,大大浪费国家资源。对地方立法工作者而言,"精准化、精细化、精干化"的实用主义倾向既是追求方向,也是内在要求,更是出台良法善法的保障。

第二节 创新地方立法机制

浙江省一直十分重视地方立法机制创新。浙江省完善地方立法机制不仅是构想和愿望,而且紧紧扎根实际,并用制度化的方式予以落实。《中共浙江省委关于建设"法治浙江"的决定》专门对"完善地方立法机制"作出了部署:"完善立法机制。完善省委领导地方立法的工作制度,适时向省人大提出立法建议。善于把党的方针政策通过法定程序转化为地方性法规和政府规章,把实践证明行之有效的工作举措以法规、规章形式加以规范,把有关政府规章和行政规范性文件转化为地方性法规。坚持民主立法、科学立法,完善向社会公开征集立法项目制度,建立健全立法听证制度、专家咨询论证制度以及公开征求意见、听取和采纳意见情况说明制度。完善法规审议和表决程序,坚持法规草案统一审议和重要法规草案三审制度。加强立法队伍建设,实行立法工作者、实际工作者和专家学者三结合。"《中共浙江省委关于全面深化法治浙江建设的决定》提出了"紧紧围绕科学立法,在健全地方法规规章方面走在前列"的总目标,并强调:"完善立法体制机制,推进科学立法、民主立法,统筹推进法规规章制定、评估、清理、修改、废止、解释等各项工作,形成更加完备的与法律、行政法规相配套,与经济社会发展要求相适应,具有浙江特色的地方法规规章体系。"浙江省在立项前调研、意见征集、草案表决、听证论证咨询、立法前评估、立法后评估等方面创新和完善地方立法机制。经过持续推进、多年积累,浙江的地方立法机制创新成就突出,有力地保障和促进了改革发展稳定的大局,为高质量发展奠定了良好基础。

一、地方立法规划和选题机制建设

《2003 年浙江省政府工作报告》提出:"完善程序和工作方式,进一步提高政府草拟地方法规议案和制定行政规章的质量。"[①]《中共浙江省委关于全面深化法治浙江建设的决定》提出:"有立法权的地方人大制定五年立法规划,报同级党委批准。"《浙江省地方立法条例》在第三章"立法准备"专章规定了立法规划和立法计划。2021 年,浙江省人大将 49 件立法项目纳入年度立法计划,体现了

---

① 习近平. 2003 年浙江省政府工作报告[R/OL]. (2006-02-20)[2021-09-25].
http://www.gov.cn/test/2006-02/20/content_204724.htm.

力度、热度与温度,彰显了浙江良法善治新优势。①

　　浙江省也高度重视地方立法选题机制建设。为了拓宽社会各界有序参与地方立法工作的途径,加强立法项目储备,制定科学的立法规划和年度立法计划,浙江省人大常委会多次向全省公开征集地方立法选题和立法建议。

◆◆◆ **案例 4-3**

衢州一饭店未配公筷被罚 50 元,"公筷入法"背后的浙江立法新探索

　　立法资源是有限的。行使好设区市的地方立法权,在立法选题上,要进一步聚焦改革发展的突出问题,抓住与人民群众切身利益相关的热点问题。

　　近日,衢州江山市有关部门对未配备公筷公勺的某饭店开出了 50 元的行政罚单。这是全国首个专门针对公筷公勺的违法行为的行政处罚决定。这次处罚的依据是衢州市人大常委会通过的《衢州市文明行为促进条例》,该条例经省人大常委会批准后已于 2020 年 5 月 22 日起施行。衢州的这次立法,把使用"公筷公勺"及"分餐制"作为义务性规定并设置相关罚则,在全国尚属首例,对社会影响较大。

　　案例来源:金毅."公筷入法"背后的浙江立法新探索[N].浙江日报,2020-06-17(3).

案例简析 〉〉〉

　　中国先哲早就告诫:"以有涯随无涯,殆已!"立法资源是有限的,需要解决的问题是无限的,因此地方立法在选题上需要下功夫。《衢州市文明行为促进条例》正是聚焦改革发展的突出问题,

---

　　①　沈吟,蒋欣如.从 49 件立法项目读懂浙江良法善治新优势——年度立法计划里的力度热度与温度[N].浙江日报,2021-02-26(6).

抓住与人民群众切身利益相关的热点进行立法，突出了立法实效，增强了人民群众的感知度和接受度，为进一步提升治理体系和治理能力现代化不断添砖加瓦。

二、地方立法起草机制建设

立法包括立法前评估、立项、制定规划到起草、审查法案、立法评价、立法后评估的全过程。地方立法机制的完善有利于推动这整个过程。地方立法起草机制是立法机制的一个重要组成部分。浙江省突出地方立法的针对性和可操作性，注重创制性立法，有力地推动了本省经济发展及环境保护、文化保护等各方面事业的发展。

《中共浙江省委关于全面深化法治浙江建设的决定》强调"健全立法项目立项、起草、论证、协调、审议机制"，并要求"全面实行法规草案起草小组制度，落实人大专门委员会、常委会工作机构和政府部门、社会力量共同参与立法调研起草工作机制"，此外还为探索委托第三方起草法规规章草案提供了依据，并且强调"健全法规规章草案公开征求意见和公众意见采纳情况反馈机制"。

《浙江省地方立法条例》第十条规定："地方性法规案可以组织由立法工作者、实际工作者及专家、学者等方面人员组成的起草小组起草，也可以委托有关组织和专家、学者起草。"这为地方立法队伍建设和地方立法起草机制的完善提供了强有力的规范依据。

◆◆◆ 案例 4-4

浙江制定实施全国首部省级民营企业发展促进条例

民营经济是浙江经济最大的特色，民营企业是浙江的金名片。作为全国首部省级层面促进民企发展的地方性法规，《浙江省民营企业发展促进条例》于 2020 年 2 月 1 日起正式实施。

浙江省委高度重视这次立法。2018年11月，习近平总书记主持召开民营企业座谈会并发表重要讲话后，浙江省迅速出台并实施支持民营经济高质量发展的31项举措。2019年，浙江省人大常委会把《浙江省民营企业发展促进条例》作为列首位的一类立法项目。为做到科学、民主、依法立法，进一步提升立法质量，浙江省人大常委会在审议过程中，及时发布条例草案全文，向社会公开征求意见，两次征求全体省人大代表意见；为深化长三角立法协同，还征求了上海、江苏、安徽三省市人大常委会意见；先后召开省市县有关单位代表、不同行业领域民营企业家、相关协会商会和金融机构代表、法律专家等参加的各类座谈会、论证会50余次。条例草案在修改完善过程中累计征求意见达1200余人次，收集修改意见1500余条，真正做到广纳民意，积极回应民企诉求。

浙江省人大法制委员会主任委员丁祖年介绍，该条例规定了坚持竞争中性原则，打破各种"卷帘门""玻璃门""旋转门"，明确市场准入负面清单以外的行业、领域、业务等，民营企业均可依法平等进入。

案例来源：翁浩浩.法治护航 民企扬帆［N］.浙江日报，2021-03-26(5).

案例简析 >>>

此前"保障民企公开公平公正参与市场竞争，破解企业融资难、人才难留等问题"的强烈呼声一直存在。通过草案咨询论证、公开征求意见、向长三角其他兄弟省市人大征求意见、协商会、座谈会等形式集思广益、博采众长，《浙江省民营企业发展促进条例》起草过程以制度化的方式有效避免了规制俘获，打破各种"卷帘门""玻璃门""旋转门"，妥善处理了充分发挥市场在资源配置中的决定性作用与更好发挥政府作用、促进民企发展与保障其他所有制企业权益、鼓励支持民企发展与民企自身规范发展、积极回应民企诉求与准确把握地方立法权限等方面的关系,为民营企业发展营造了良好的法治环境,将进一步实现民营企业与其他所有制企业的权利、机会、规则平等,成为推动浙江民营经济全面发展的新引擎,为浙江经济的高质量发展再次注入强劲动力,为浙江经济的发展开辟新的增长点,对全国各省区市都有启迪和示范作用。

三、地方立法公众参与机制建设

《中国法治评估报告 2015》一针见血地指出:立法规范体系的一级指标得到的总体评价是一般,立法完善性、立法科学性和立法民主性三个方面所得到的评价也是一般。其中,立法机构完善性和立法公众参与方面的评价较低。[①] 如果公众无法有序有效参与到立法过程中,则难以保证立法体现人民群众的根本利益,这又会进一步导致立法机制上的问题,使得地方立法的立改废释无法满足人民对日益增长的美好生活的需要。

实际上,浙江在公众参与地方立法这方面做得很好。早在 2006 年,《中共浙江省委关于建设"法治浙江"的决定》第十八条就规定:"坚持民主立法、科学立法,完善向社会公开征集立法项目制度,建立健全立法听证制度、专家咨询论证制度以及公开征求意见、听取和采纳意见情况说明制度。"《浙江省地方立法条例》第十一条规定:"地方性法规案的起草单位,应当加强调查研究,广泛听取意见……"

---

① 毅欧.首份全国性法治评估报告:中国法治状况的"体检报告"[R/OL]. (2016-04-12)[2021-09-25]. http://www.china.com.cn/opinion/think/2016-04/12/content_38227531.htm.

◆◆ **案例 4-5**

《浙江省无居民海岛开发利用管理办法》立法听证

继中国 2011 年开放首批"无人岛"开发利用后,拥有海岛最多的浙江省首次为开发保护"无人岛"开展立法听证。听证会现场,来自舟山、杭州等地的 12 名听证代表围绕"无人岛"开发利用进行发言讨论,代表包含普通群众、海洋研究者、律师,也有无居民海岛开发企业代表。除了现场发言和讨论,此次听证会通过微博直播,在浙江立法听证中尚属首次。听证会主持人、浙江省人民政府法制办公室副主任吴强军说,网友在转发、评论过程中发表意见,相当于通过互联网到会的旁听代表。网友建议将和听证会现场发言一并带回研究。

案例来源:张遥. 浙江微博直播立法听证会[N/OL]. 新华社,2012-12-06 [2021-09-12]. http://media. people. com. cn/n/2012/1207/c40733-19825752. html.

案例简析 〉〉〉

浙江省以不同形式鼓励广大人民群众参与到立法中来,比较普遍的做法是向公众公开征求意见。浙江首次为"无人岛"立法听证表明浙江省的公众能够更加实质性地参与立法,尤其是具体条款的修改完善,因为公开听证对人大立法具有更强的约束力。以问题为导向,健全立法听证等多种机制有利于公众参与地方立法,提升人民获得感,也更有利于全民守法。

四、地方立法审议表决机制建设

浙江省在地方立法审议和表决机制上有较大创新。

首先,《浙江省地方立法条例》较为详细地规定了地方审议机制。第十二条至第二十一条分别规定了提案主体及对应的审议主体、提案时间、审议程序、草案修改及说明、表决稿要求、提案撤回、授权审议、表决的票数要求等内容。其次，浙江省在地方立法表决机制上也有一些创新。立法表决一般分为整体表决和单独表决，前者的结果是整部地方立法通过或者不通过，后者是在整部地方立法不通过的前提下允许部分条款甚至某个单独的条款通过。《中共中央关于全面推进依法治国若干重大问题的决定》建议完善法律草案表决程序，对重要条款可以单独表决。《中共浙江省委关于全面深化法治浙江建设的决定》强调建立重要条款单独表决机制。《宁波市人民代表大会常务委员会法规草案重要条款单独表决办法》专门对此作出了规定。

五、大数据立法机制探索

大数据立法实际上包括两个方面：一是以大数据作为立法的手段推进立法智能化；二是以数据经济等作为法律调整对象的立法。近些年，由于数据经济的发展，我们对后者强调得更多。不过，以大数据作为方法进行立法，有效解决了立法选题、立法听证、专家咨询论证，以及公开征求意见、听取和采纳意见情况等过程中的诸多不便等问题。同时，地方立法应用该方法也使得参考其他省区市类似立法和借鉴域外法变得更加便利与高效，为提高立法质量夯实了基础。浙江省在这方面具有突出优势。

◆◆ 案例 4-6

2021 年浙江将实现立法项目全周期数字化管理

2021 年浙江将实现立法项目全周期数字化管理，初步建成立法意见征集分析辅助系统，完善备案审查系统，实现立法工作全流程网络化和智能化辅助。在具体立法项目上，浙江省将重点推进医疗保障、土地管理、乡村振兴、综合行政执法、公共数据等领域立法工作。并探索地方自主性先行性立法的高效途径，立足解决实际问题，丰富地方立法形式，推进立法精准选题、精良设计、精练表达。"我们今年还特别加强涉网法规规章制度建设，加快《浙江省互联网信息服务管理条例》立法进程。"任亦秋表示，该条例旨在探索在青少年网络沉迷防治、虚假信息整治等热点领域，建立与互联网特征相适应的法规规章制度。

案例来源：王刚.2021 年浙江将实现立法项目全周期数字化管理[N/OL].中新网，2021-03-11[2021-03-31].http://www.chinanews.com/gn/2021/03-11/9430056.shtml.

案例简析 >>>

浙江省是中国互联网经济大省，在数字经济领域和数字化治理领先全国甚至大多数国家。实现立法工作全流程网络化和智能化辅助是高质量立法的润滑剂，这是整体智治进程中重要且关键的一步。

第三节　加强重点领域立法

在立法资源有限的情况下，如何抓住不同时期的关键领域，是立法工作者在立法时应考虑的问题，即需要从法律经济学的角度分析立法收益和立法成本。这也就要求，在选取确定立法项目时，必须充分考量当时、当地的经济社会发展的实际情况，注重"有所立、有所不立"，强调科学规划、统筹安排、协调发展，统筹立法资源，确保将有限的立法资源"用在刀刃上"，防止立法项目安排时避重就轻、拈易怕难。当前国内外形势发生深刻复杂的变化，中国发展面临着更复杂更严峻的环境，前进路上有更多更大的风险挑战。我们必须深刻认识中国特色社会主义新时代法治工作的总目标和新要求，始终保持正确工作方向，加快重点领域立法，发挥立法先行作用,为改革发展保驾护航。

浙江省重点领域立法取得了实质性成效。2006—2010 年的五年时间里,"浙江省人大及其常委会共制定、修改和废止法规计 100 件;批准了杭州、宁波两市人大常委会和景宁畲族自治县人大报请批准的地方性法规、自治条例和单行条例共计 74 件。浙江省人民政府制定、修改省政府规章计 85 件。在此期间,浙江还开展了地方性法规和地方政府规章的大规模集中清理活动,2009 年,浙江省人大常委会组织对 1979 年至 2007 年间制定的 155 件现行有效法规进行了集中清理。浙江省政府则分别于 2007 年和 2010 年集中开展了两次政府规章清理工作。"①

一、加强促进高质量发展的地方立法

如何从权利源头上保障公民经济、文化、社会等各方面权利得以落实,确保权利行使合理、公平、平等,再到如何保障救济方面促进制度化、规范化、程序化,这些都是立法领域的重中之重,也是当代立法的时代使命。或者反过来说,人民群众赖以生存、发展的领域正是重点领域,人民群众普遍关心、社会反映强烈的重大问题就是重点领域,立法工作要紧紧围绕这些领域,加快节奏、推进步伐。无论重点领域具体内容如何变化,如广大人民群众的衣食住行、劳动就业、教育医疗、养老保险等重要事项,都事关人民群众的根本利益。加强重点领域立法的提法,是将民生、民主、民权问题置于"突出高亮"地位的重要论断,这是立法为民、立法依靠人民的切实要求。针对重点领域,要做好严谨、精细、精准的立法论证工作,立足民意,站位全局,发挥人大代表、专家学者及社会公众等各方面

---

① 陈柳裕.浙江蓝皮书:2011 年浙江发展报告·法治卷[R].杭州:杭州出版社,2011:2.

的作用,把好立项论证、草案审议、立法评估的关卡,使这些领域的立法更加具有科学性、民主性、权威性和生命力。

浙江地方立法围绕《中共浙江省委关于全面深化法治浙江建设的决定》完善立法机制和提高立法质量的要求,紧跟时势发展,持续促进和引领各领域高质量发展。多年来,浙江省人大常委会认真贯彻习近平总书记关于法治建设的重要论述,不断推进科学立法、民主立法、依法立法,以高质量地方立法引领和推动浙江高质量发展,强调"五个必须":第一,实现高质量地方立法必须坚持党的领导;第二,实现高质量地方立法必须围绕中心服务大局;第三,实现高质量地方立法必须突出地方特色;第四,实现高质量地方立法必须发挥人大主导作用;第五,实现高质量地方立法必须完善立法体制机制。

◆◆ 案例 4-7

数字经济 法治护航:浙江出台全国首部以促进
数字经济发展为主题的地方性法规

浙江省大常委会 2020 年 12 月 24 日高票通过《浙江省数字经济促进条例》(以下简称《条例》),"万物互联"的数字时代有了第一部地方性法规,也第一次从法律层面对数字经济作了定义。《条例》共 9 章 62 条,分别对发展数字经济的重点领域——数字产业化、产业数字化、治理数字化等方面予以规定。

为何要对数字经济立法?《条例》起草者之一、浙江省经信厅数字经济处副处长黄武指出,数字化浪潮正激荡于浙江的角角落落。他们在前期调研中发现,全省各地还存在数字化发展水平参差不齐、项目投入不够科学等问题:"问题导向式的立法,从省内来说,杭州的数字经济发展得非常好,一枝独秀。我们作出针对性的规定,'县级以上人民政府应当加强省内数字经济跨区域合作、创新体制机制、加强政策协同,共同促进数字经济的发展。'也就是我们要加快其他一些地区的数字经济的发展。"数字经济的基础保障"新基建"如何高效落地也成为这次立法的重点之一。《条例》明确要求摒弃低水平重复建设,增强规划引领。

同时,《条例》对高质量推进这场新经济革命给出了具体举措。浙江省人大法制委员会副主任委员尹林表示,处理好政府与企业的关系是深入实施数字经济"一号工程"的关键所在。因此《条例》明确,政府应扮演好"店小二"角色,通过市场来推动企业积极参与数字化转型:"实际上就是政府要营造一个好的环境,为各类市场主体打造一个公平的环境、推动产业政策的扶持、搭建一个平台。这里面既有龙头企业也有中小微企业,打造一个数字经济发展的产业梯队,建立一个数字经济产业的生态链。"

案例来源:王娴,涂希冀,叶澍蔚. 全国首个!浙江为数字经济立法[N/OL].浙江之声,2020-12-25[2021-11-10]. http://www.zgjx.cn/2021/10/26/c_1310269541_2.htm.

案例简析 〉〉〉

以高质量地方立法引领和推动浙江高质量发展要注意五个"必须"——必须坚持党的领导、必须围绕中心服务大局、必须突出地方特色、必须发挥人大主导作用、必须完善立法体制机制。《浙江省数字经济促进条例》很好坚持了这五个"必须"。数字经济是将来经济发展的重要领域,该领域的立法有利于促进数字经济的发展,并有利于通过数字经济或者数字手段促进浙江经济全方位高质量发展。

二、加强促进民主政治建设的地方立法

2005年6月17日,时任浙江省委书记习近平在金华市调研村

级民主政治建设时说:"村级民主政治建设的方向十分明确,就是积极推行'民主选举、民主决策、民主管理、民主监督'。对这四个方面的内容要全面地加以理解。民主选举是基层民主政治建设的一个核心内容,是实现村民自治的前提和基础。但是,民主选举仅仅是民主政治的第一步。我曾经多次强调,民主选举不是民主政治建设的全部,一选了之肯定会出乱子,'民主选举、民主决策、民主管理、民主监督'都要配套完善起来,同时基层党组织要发挥领导核心和战斗堡垒作用。"①其后一年他又强调:"加强社会主义民主政治建设,最根本的是要坚持党的领导、人民当家作主和依法治国有机统一,这就必须在制度上作出安排和设计,人大制度正是这一有效载体。各级党委要把好舵,支持人大行使监督权力;各级政府要积极主动,通过人大共同推动工作,并执行人大作出的决定决议;各级人大要依法履职,加强监督,这样就形成我们共产党领导的治理体系和治理能力。"②浙江省各地在"四个民主"方面进行了积极的探索,推出了民主恳谈听证、重大村务公决制度、村务监督委员会等重要改革举措,取得了显著成效。

浙江省在促进民主政治建设方面作出了许多探索。例如,2004 年 10 月,浙江省委十一届七次全会审议通过《关于切实加强党的执政能力建设的意见》,明确提出要巩固党执政的八个基础、增强党执政的八种本领,对于增强党的建设的系统性、协调性发挥了重要指导作用;2003 年,在全国率先建立公民旁听省人大常委会会议制度;2004 年,首次在网上征集立法建议;2006 年,率先通过

---

① 习近平.干在实处 走在前列——推进浙江新发展的思考与实践[M].北京:中共中央党校出版社,2006:382.

② 梁黎明.推动人大工作高质量发展[N]//深入学习贯彻习近平总书记关于坚持和完善人民代表大会制度的重要思想交流会发言摘编.人民日报,2018-09-28(14).

网络视频全程直播省人大常委会会议;2009 年 6 月,出台《关于加强和改进新形势下人大工作的意见》,从制度上保障人大职能作用的发挥;2009 年 7 月,在全国率先出台《关于加强和完善人民政协政治协商促进科学民主决策的意见》,明确了政治协商的原则、内容、形式、程序和协商主体的责任;2013 年 11 月,出台《关于加强人民政协民主监督的意见》,从制度机制层面对政协政治协商加以规范,增强了政治协商制度的可操作性和执行力;2005 年 4 月,下发全国第一个规范村级组织运作工作规则《浙江省村级组织工作规则(试行)》,使乡村公共事务治理逐步走向制度化、民主化;2006 年 8 月,出台《关于实施村级重大事务民主决策制度的意见(试行)》,将村级重大事务民主决策程序统一规范为民主提案、民主议案、民主表决、公开承诺、监督实施五大流程,促进了基层民主政治运作程序化、规范化;2011 年,出台《关于加强"法治浙江"基层基础建设的意见》,进一步健全了法治基层基础建设长效机制。

三、加强促进教育文化事业发展的地方立法

教育文化事业决定着一个国家的根本。2017 年 10 月 18 日,习近平总书记在十九大报告中指出:"文化是一个国家、一个民族的灵魂。文化兴国运兴,文化强民族强。没有高度的文化自信,没有文化的繁荣兴盛,就没有中华民族伟大复兴。"[①]并强调优先发展教育事业:"建设教育强国是中华民族伟大复兴的基础工程,必须把教育事业放在优先位置,深化教育改革,加快教育现代化,办好

---

① 习近平.决胜全面建成小康社会 夺取新时代中国特色社会主义伟大胜利——在中国共产党第十九次全国代表大会上的报告[R].北京:人民出版社,2017:40-41.

人民满意的教育。"①

　　时任浙江省委书记习近平对文化软实力与经济力量、政治力量和社会力量等的关系展开了深入思考,高屋建瓴地指出:"从根本上说,文化是由经济决定的,经济力量为文化力量提供发挥效能的物质平台。然而,任何经济又离不开文化的支撑:文化赋予经济发展以深厚的人文价值,使人的经济活动与动物的谋生行为有质的区别;文化赋予经济发展以极高的组织效能,促进社会主体间的相互沟通和社会凝聚力的形成;文化赋予经济发展以更强的竞争力,先进文化与生产力中的最活跃的人的因素一旦结合,劳动力素质会得到极大的提高,劳动对象的广度和深度会得到极大的拓展,人类改造自然、取得财富的能力与数量会成几何级数增加。文化力量对政治制度、政治体制的导向和引领作用十分明显。一定社会的文化环境,对生活其中的人们产生着同化作用,进而化作维系社会、民族的生生不息的巨大力量。要化解人与自然、人与人、人与社会的各种矛盾,必须依靠文化的熏陶、教化、激励作用,发挥先进文化的凝聚、润滑、整合作用。"②并提出要进一步发挥浙江的人文优势,把加快建设文化大省作为"八八战略"的重要内容。2005年,中共浙江省委十一届八次全会通过《关于加快建设文化大省的决定》,强调加快建设教育强省、科技强省、卫生强省、体育强省等"四个强省"。2005年6月1日,在浙江省宣传文化系统调研座谈会上,习近平同志说:"繁荣文化事业、壮大发展文化产业,是建设文化大省的重要目标,也是加快文化大省建设的重要检验标准。

---

①　习近平.决胜全面建成小康社会 夺取新时代中国特色社会主义伟大胜利——在中国共产党第十九次全国代表大会上的报告[R].北京:人民出版社,2017:45.

②　习近平.之江新语[M].杭州:浙江人民出版社,2007:149.

从浙江实际看,当前和今后一个时期,要重点研究、论证和抓好推进文化大省建设的重大工程建设,不断增强构成浙江综合竞争力的软实力。"①

◆◆ **案例 4-8**

浙江首施条例,家庭教育不只是家务事

《浙江省家庭教育促进条例》首次为家庭教育立法。浙江省人大常委会副主任姒健敏介绍,《条例》坚持弘扬社会主义核心价值观,坚持立德树人,用法治手段推进解决家庭教育面临的现实问题,全面规范了家庭教育工作,确立了各部门家庭教育工作职责,理顺了家庭教育工作关系,明确了家庭教育工作保障条件,为浙江省家庭教育工作提供了法治遵循。

教育专家表示,立法的目的是以法律的威严让家长重视家庭教育、让全社会关注家庭教育,给孩子的人生打好底色。同时"授之以渔"——通过明确政府、学校、家庭、社会机构等各方责任,让广大青少年既掌握真才实学,又不断加强个人道德修养、社会担当、家国情怀,拥有一片身心健康成长的蓝天。

案例来源:王春. 浙江首施条例,家庭教育不只是家务事[N/OL]. 法制日报,2020-03-22 [2021-03-10]. http://www. xinhuanet. com/2020-03/22/c_1125749666. htm.

案例简析 >>>

我国的家庭教育立法明显滞后于学校教育和社会教育立法。有关家庭教育的法律条款非常零散,并且既有的规范性文件也存在主体不明、位阶低、保障弱、实施难等问题,导致家庭教育被视为

---

① 习近平. 干在实处 走在前列——推进浙江新发展的思考与实践[M]. 北京:中共中央党校出版社,2006:330.

学校教育的附属。《浙江省家庭教育促进条例》全面体系地提供了制度供给,为系统解决这些问题奠定了制度基础,厘清了家庭教育的定义,明确了家庭教育的工作机制,有利于促进家庭教育事业发展,保障未成年人健康成长,增进家庭幸福和社会和谐。

四、加强促进民生改善和社会治理创新的地方立法

民为邦本,本固邦宁。中国共产党的宗旨就是全心全意为人民服务,增进民生福祉是中国共产党立党为公、执政为民的本质要求。早在 2004 年 1 月 29 日,习近平同志在浙江省委理论学习中心组专题学习会上就指出,"就业是民生之本,直接维系人民群众的生活来源";"社保是民生之需,直接维系人民群众的生活保障";"救助解民生之难,直接维系部分困难群众的基本生活"。① 2012 年 11 月 15 日,习近平总书记在同中外记者见面时讲话指出:"我们的人民热爱生活,期盼有更好的教育、更稳定的工作、更满意的收入、更可靠的社会保障、更高水平的医疗卫生服务、更舒适的居住条件、更优美的环境,期盼孩子们能成长得更好、工作得更好、生活得更好。人民对美好生活的向往,就是我们的奋斗目标。"②浙江省在这方面做了很多立法探索,内容涉及流动人口居住登记,保障残疾人的康复、教育、就业等基本权利,九年制义务教育,未成年人保护,高新技术促进,失业保险、工伤保险、就业促进等,取得相当成绩。

习近平总书记指出,"法治是人类文明的重要成果之一,法治

① 习近平.干在实处 走在前列——推进浙江新发展的思考与实践[M].北京:中共中央党校出版社,2006:240-241.

② 习近平.习近平谈治国理政(第一卷)[M].2 版.北京:外文出版社,2018:4.

的精髓和要旨对于各国国家治理和社会治理具有普遍意义"①,并强调"我们要学习借鉴世界上优秀的法治文明成果,但是学习借鉴不等于是简单的拿来主义,必须坚持以我为主、为我所用,认真鉴别、合理吸收,不能搞'全盘西化',不能搞'全面移植',不能照搬照抄"②。这充分体现了中国法治建设进程中的国家主体性和自主性,是与某些全面移植域外法的国家或地区所不同的。党的十九届四中全会通过的《中共中央关于坚持和完善中国特色社会主义制度、推进国家治理体系和治理能力现代化若干重大问题的决定》专门强调,"坚持和完善共建共治共享的社会治理制度,保持社会稳定、维护国家安全"。浙江省在社会治理方面作出了许多有益创新,例如:杭州萧山区城厢街道构建基层社会治理新格局,为社会治理现代化贡献"萧山经验";临安区平安创建"十五连冠"(2021年数据);余杭区深化全域治理建设;滨江区夯实社会治理基层基础,筑牢高质量发展根基,全力打造高水平社会治理的滨江样本;淳安县用改革亮剑守护平安边界;杭州市"城市大脑"精密智控,"武林大妈"群防群治,线上线下融合,构筑平安新生态;舟山市争当市域社会治理现代化排头兵;衢州市全力打造市域社会治理现代化"示范窗口";新时代"枫桥经验"的绍兴实践,以乡镇(街道)为关键,走好市域社会治理现代化"最初一公里"。浙江省推出了《浙江省保障"最多跑一次"改革规定》等地方立法,为全国的社会治理创新提供了宝贵的参考。

---

① 习近平.加快建设社会主义法治国家(2014年10月23日)[M]//中共中央文献研究室.习近平关于全面依法治国论述摘编.北京:中央文献出版社,2015:32.

② 习近平.加快建设社会主义法治国家(2014年10月23日)[M]//中共中央文献研究室.习近平关于全面依法治国论述摘编.北京:中央文献出版社,2015:32.

五、加强促进生态文明建设的地方立法

"绿水青山就是金山银山。"浙江省抛弃以牺牲环境为代价换取经济发展的不可持续的发展模式，从"绿色浙江"发展到"生态浙江"，再从"生态浙江"蜕变为"美丽浙江"，法治在这一进程中起到了保驾护航作用。浙江省人大常委会和省政府先后制定和修订了《浙江省水资源管理条例》《浙江省核电厂辐射环境保护条例》《浙江省大气污染防治条例》《浙江省海洋环境保护条例》《浙江省农业自然资源综合管理条例》《浙江省鉴湖水域保护条例》《浙江省森林管理条例》《浙江省村镇规划建设管理条例》《浙江省陆生野生动物保护条例》《浙江省矿产资源管理条例》《浙江省人民政府关于进一步加强环境污染整治工作的意见》《浙江省建设项目环境保护管理办法》等地方性法规和政府规章，为"美丽浙江"建设创造了良好的制度环境和保障。以法治护航"美丽浙江"建设的理念，经过持续酝酿和升华，为"美丽中国"的建设提供了重要素材和样本。

◆◆ **案例 4-9**

浙江将立法管理餐厨垃圾 听证代表建议给垃圾办"身份证"

浙江省法制办、浙江省建设厅和浙江省食安办联合召开《浙江省餐厨垃圾管理办法》立法听证会，12 位来自相关企业、行业、律师、社会组织、单位食堂和环保组织的立法听证会代表到场，各抒己见。

浙江省城市环境卫生协会秘书长陈增丰在会上指出："目前城市的餐厨垃圾还处于分散处理状态，一方面处理不当容易造成环境污染，另一方面也为'地沟油'回流到餐桌提供了可乘之机，所以需要有更加针对性的法规来进行管理。"陈增丰还建议，应建立信

息化的管理平台"追踪"餐厨垃圾的去向，给餐厨垃圾安上"身份证"。"目前收运的品质难以保障，盘子、菜刀、牙签等，更夸张的甚至连鞋都能找到，这样将餐厨垃圾和生活垃圾混杂在一起的不在少数，给餐厨垃圾处置企业带来很大的影响。"何明勖指出，针对当下缺乏管理的餐厨回收，应增加"禁止将餐厨垃圾和生活垃圾一同投放"的规定。不少专家赞同第十条的规定："餐饮服务提供者应当在其餐饮服务场所明显位置设置提示牌，提醒、倡导消费者理性、适量点餐，减少餐饮剩余物。"

案例来源：胡昕然.浙江将立法管理餐厨垃圾 建议给垃圾办"身份证"[N/OL].浙江在线，2016-07-28[2021-03-31].https://zj.zjol.com.cn/news/410305.html.

案例简析 >>>

生态系统是个大循环。垃圾"出口"治理不善，容易造成环境污染等问题，也可能进一步影响食品安全等"入口"问题。增加具有针对性和可操作性的条款，有利于推进"美丽浙江"建设。以法治护航"美丽浙江"的建设模式，使得建设的进程更加系统化、制度化，能够让人民群众增强获得感和幸福感，也能够提升生态领域的治理效能。

◆◆ 本章小结

在我国，立法是执法和司法的前提和依据，立法质量直接影响严格执法、公正司法和全民守法乃至整个依法治国战略的整体进程，因此，建设中国特色社会主义法治体系，必须抓住提高立法质量这个"牛鼻子"。必须推进科学立法、民主立法、依法立法，以良法促善治。要发挥人大及其常委会在立法工作中的主导作用，维护法治统一，进一步提升设区的市的地方立法能力和水平。这就需要在地方立法规划和选题机制、起草机制、公众参与机制、审议表决机制等方面进行完善,并在大数据立法机制上进行探索。由于立法资源有限,确定立法项目时就需要作好科学规划、统筹安排、协调发展,始终保持正确工作方向,并加快推进重点领域立法,发挥立法先行作用,为高质量发展保驾护航。浙江省在重点领域立法方面成果斐然,在促进高质量发展、促进民主政治建设、促进教育文化事业发展、促进民生改善和社会治理创新、促进生态文明建设等领域的重点立法取得了卓越成绩,将法治浙江建设推向更进一步,为全面依法治国战略的推进提供了丰富的素材和宝贵的经验教训。

◆◆ **思考题**

1.如何理解高质量供给规则体系的科学内涵?

2.新时代的哪些特征决定我们需要高质量规则体系?

3.供给高质量规则体系面临着哪些困境?需要从哪些方面突破或者完善?

◆◆ **拓展阅读**

1.习近平.之江新语[M].杭州:浙江人民出版社,2007.

2.习近平.习近平谈治国理政(第一卷)[M].2版.北京:外文出版社,2018.

3.习近平.习近平谈治国理政(第二卷)[M].北京:外文出版社,2017.

4.习近平.干在实处 走在前列——推进浙江新发展的思考与实践[M].北京:中共中央党校出版社,2006.

5.中共中央文献研究室.习近平关于全面依法治国论述摘编[M].北京:中央文献出版社,2015.

6.陈柳裕.浙江蓝皮书:2011年浙江发展报告·法治卷[R].

杭州:杭州出版社,2011.

7.卢梭.社会契约论[M].何兆武,译.北京:商务印书馆,1980.

要坚持依法治国、依法执政、依法行政共同推进,法治国家、法治政府、法治社会一体建设。全面依法治国是一个系统工程,要整体谋划,更加注重系统性、整体性、协同性。法治政府建设是重点任务和主体工程,要率先突破,用法治给行政权力定规矩、划界限,规范行政决策程序,加快转变政府职能。

——摘自习近平 2020 年 11 月 16 日在中央全面依法治国工作会议上的讲话①

第五章　严格执法,加快建设法治政府

◆◆ 本章要点

1. 从政府职能的依法全面履行、行政决策的科学化民主化、严格规范公正文明执法、信息公开促进透明政府建设、行政权力监督制约体系促进责任政府建设、行政机关有效化解社会矛盾纠纷等多个维度,了解依法行政基本理论和制度顶层设计,理解法治政府建设的基本原理和实践,感受以规范权力、保障权利为宗旨的行政法治,究竟有着怎样的丰富内涵和实践导向。

2. 深刻理解法治政府的基本理念及其与依法行政之间的关系,体会法治政府的形成发展和基本要素。依法行政拥有十分丰富的内涵,而不仅等同于依据法律行事。它包含了行政机关职权法定、行为依据合法有效、决策程序科学民主、执法过程公正文明、

① 坚定不移走中国特色社会主义法治道路 为全面建设社会主义现代化国家提供有力法治保障[N]. 光明日报,2020-11-18(1).

政务透明公开、内部监督合理有效、及时化解纠纷保障公民权利等各方面。

3. 从国家和社会治理的视角来看，法治政府理念还可以被具体化为以下三个方面：有限且有效的政府、透明且阳光的政府、责任且担当的政府。这些理念，与创新政府、廉洁政府、服务型政府等一起，构成一个现代化政府的整体价值内涵。

立法与执法是唇齿相依的关系。法治的前提，是有法可依，执法无可执之"法"，如空中楼阁。与此同时，徒法不足以自行，立法的目的主要靠执法去实现，否则，立法亦犹如水中月、镜中花。严格执法是对人民政府的要求，是依法行政的具体表现，是法治政府得以建立的必要措施与根本路径。

习近平同志高度重视依法行政工作，明确提出，"依法规范行政权力、全面建设法治政府，是建设'法治浙江'的关键所在"。2004 年 7 月，他在浙江省直机关效能建设工作现场会上指出，要"切实把追求效率与坚持依法行政、依法办事结合起来，全面提高依法行政水平"。他还指出，要按照"合法行政、合理行政、程序正当、权责统一"的要求，特别是"行政权力与责任紧密挂钩、与行政权力主体利益彻底脱钩"的原则，加快建立权责明确、行为规范、监督有效、保障有力的行政执法体制。强调要切实纠正一些行政机关执法不力、执法不严、执法违法、执法扰民和执法"寻租"现象。①

《中共中央关于制定国民经济和社会发展第十四个五年规划和二〇三五年远景目标的建议》指出，到二〇三五年基本实现社会

---

① 浙江省中国特色社会主义理论体系研究中心. 习近平的法治思维方法在浙江的探索与实践[N]. 浙江日报，2021-03-26(3).

主义现代化远景目标，基本实现国家治理体系和治理能力现代化，人民平等参与、平等发展权利得到充分保障，基本建成法治国家、法治政府、法治社会。为了更好发挥政府作用，推动有效市场和有为政府更好结合，《建议》还提出要加快转变政府职能，建设职责明确、依法行政的政府治理体系，深化简政放权、放管结合、优化服务改革，全面实行政府权责清单制度等措施。这一顶层设计，指明了新时代的法治政府基本元素，我们将在全面建设社会主义现代化国家新征程的第一个阶段，实现法治国家、法治政府、法治社会一体化基本建成的目标。

所谓法治政府，就是要求政府在行使权力和履行职责过程中奉法而行，严格依法行政，各项权力均在法治轨道上运行。建设法治政府的核心关键词是"依法行政"。改革开放以来，依法行政理念从无到有，从朴素的"执法必严"概念到"严格规范公正文明执法"的系统集成；从行政机关"既要依政策办事，又要依法律办事"到"深入推进依法行政，加快建设法治政府"；从《行政诉讼法》《行政复议法》《国家赔偿法》构成的行政救济法体系到《行政处罚法》《行政许可法》《行政强制法》组成的行政实体法三部曲……中国的法治政府建设历程筚路蓝缕，在吸收人类文明共同成果的基础上走出了一条与西方完全不同的行政法治发展之路。

第一节　依法全面履行政府职能

依法行政，首先是明确职能。中国的法治政府建设顶层设计中，对政府的要求是"依法全面履行政府职能"，既要依法，又要全面。依法，基础是职权法定、组织法定以及政府与市场、政府与社会关系的清晰厘定；全面，则要立足于政府职能，尽职尽责。

依法全面履行政府职能，关键要做到两件事："法无授权不可为"与"法定职责必须为"。浙江近年实施政府自身改革和法治政府建设而推出的一系列重大举措，如行政审批制度改革、"四张清单一张网"、"最多跑一次"改革、数字化改革等，均是推动各级政府实践"法无授权不可为"与"法定职责必须为"的重大载体。

一、行政审批制度改革

对一般的老百姓而言，审批是一个比较熟悉的概念，而行政许可则稍显陌生；但在法学领域，行政许可才是一个正式的概念。为何会出现这样的情况？这就要从这两个概念出现的历史过程谈起。行政审批在我国的政府文件中是一个具有"元老"地位的名词。而2004年《行政许可法》正式施行，从立法原意来看，审批和许可指的就是同一种行政行为，《行政许可法》试图以一部统一的规范来调整所有在本质上是行政许可的行为，附则中的清理和停止执行的要求，是对不符合该法规定的各种审批事项下了最后通牒。但就在该法出台前后，鉴于对现实的妥协而保留了部分行政审批项目，这无疑给一部分不符合《行政许可法》的审批事项颁发了"免死金牌"。直至2015年《国务院关于取消非行政许可审批事项的决定》出台，才真正终结了"非行政许可审批项目"的命运。

作为厘清政府和市场边界的"先手棋"，我国行政审批制度改革成绩斐然。据统计，至2018年初，国务院部门行政审批事项削减44％，非行政许可审批彻底终结，中央政府层面核准的企业投资项目减少90％，行政审批中介服务事项压减74％，职业资格许可和认定大幅减少。中央政府定价项目缩减80％，地方政府定价项目缩减50％以上。全面改革工商登记、注册资本等商事制度，企业开办时间缩短三分之一以上。[①]

二、"四张清单一张网"

浙江是较早推进"互联网＋政务服务"工作的省份，自2014年以来，以"四张清单一张网"改革为引领，不断深化全省统一架构、五级联动的浙江政务服务网建设，形成了全省事项清单统一发布、网上服务一站汇聚、数据资源集中共享的"互联网＋政务服务"体系。

"四张清单一张网"是指政府权力清单、政府责任清单、企业投资负面清单、政府部门专项资金管理清单和浙江政务服务网，是浙江省在国内率先推进的简政放权改革。政府权力清单，梳理了政府的行政边界。政府责任清单，督促政府履行职责。企业投资负面清单，界定了企业行为的领域。政府部门专项资金管理清单，把资金的用途管理好、跟踪好。浙江政务服务网是浙江省政府推出的便民服务网站，以"服务零距离，办事一站通"为主旨，以"伴你一生大小事"为目标，能在电脑和手机上使用，可以为企业和个人提供"一站式、全天候"的网上办事服务。

"四张清单"背后的法理其实是两句非常著名的法谚："法无授权不可为"与"法无禁止即可为"。这两句谚语所表达的内涵其实是互相补充且辩证统一的。对于公权力而言，"法无授权不可为"，也就是要将权力关进法律的笼子，权力要依法而为，不可轻举妄动，因此权力清单必定是一张正面清单，行政机关只能做"清单"之内的事，清单之外无权力。而私权利主体（公民、法人和其他组织），在法律没有明文禁止的领域都可以行使自己的权利、享有充

---

① 李克强作的政府工作报告（摘登）[N].人民日报,2018-03-06(2).

分的自由，也就是"法无禁止即可为"。责任清单则意味着：一方面，政府在行使权力时，还应当接受公民的监督，违法履职就要承担相应责任；另一方面，更进一步而言，公权力还需要为公民行使自己的权利提供保障，为市场主体提供便利，政府应当积极地承担法定责任。

◆◆ **案例 5-1**

"放管服"改革回头看：权责有单可查，政府照单履职

全国 31 个省份已全部公布省级部门权力清单，29 个省份公布了责任清单；已有 57 个国务院部门公布了权力清单；自贸试验区的负面清单已从 2013 年的 193 项减至目前的 122 项。2013 年以来，党中央、国务院持续推进"放管服"改革，其中"清单管理"模式不断完善。制定政府权责清单，划定政府权力边界；试点市场准入负面清单制度，明确企业"法无禁止即可为"；加快编制行政事业性收费等各方面清单，公开接受社会监督。

吉林将凡是没有法律依据的权力事项一律取消；凡是需要法律授权的，一律按照法定程序调整，目前省级设定市县实施的行政审批事项取消调整 34 项。安徽跳出"针对部门讲责任"的惯性思维，转而针对每项行政权力，逐条编制责任事项和追责情形，让隐形责任显性化、宽泛责任具体化、粗放责任精细化，实现权责清单深度融合。江苏加快推动省市县权力清单标准化工作，确保在省市县三级，相同权力事项的名称、类型、依据、编码统一，同时明确层级分工，压缩自由裁量权。北京明确 9 类行政职权 116 项共性责任，同时着眼于治理"大城市病"，制定 10 多个专项责任清单。如"缓解交通拥堵专项责任"清单，就涉及 10 余个部门和属地政府 140 余项责任。河北着力从群众不满意的地方改起，针对行政许可

中介服务与政府部门存在利益关联等问题,全面清理有关事项,铲除"变相审批""隐性审批",堵住权力寻租的每个"漏洞"和"偏门"。为进一步激发市场活力,"负面清单"也在国内市场试点推行。内蒙古包头市已率先探索建立了15大类100项投资领域负面清单,清单之外的投资项目一律实行备案制。企业办理开发项目立项,只需填一张表,当场即可拿到立项备案手续,办事效率明显提高。

案例来源:张洋. 权责有单可查 政府照单履职[N]. 人民日报,2017-05-18(6).

案例简析 >>>

通过推行权力清单制度,把政府部门的权力和责任以清单形式明确下来,就是要明确政府该干什么、不该干什么,厘清哪些权力应该保留,哪些权力应该取消或下放,从而确定政府部门的权责内容、划定政府与市场的边界,实现政府"法无授权不可为""法定职责必须为"。推行权力清单制度,将以权力的自我设限,最大限度激发社会活力,为引领经济新常态注入强劲动力,为推进治理现代化提供坚强保障。

三、金名片:"最多跑一次"改革与政府全面履职

全面履职是处理好政府与市场、政府与社会关系的核心环节。只有各级政府全面履行好法律赋予的经济调节、市场监管、社会管理和公共服务职能,才能促进经济社会持续健康发展。全面履行职能,必须继续简政放权,让政府更好归位、市场更大发力、群众更多受益。

在浙江,厘清政府与市场(社会)的关系、完善权力配置和权力运行方式,提高政府治理水平的核心实践载体便是持续深化"最多跑一次"改革。"最多跑一次",是指群众和企业到政府办理一件事情,在申请材料齐全、符合法定受理条件时,从受理申请到形成办

理结果全过程只需一次上门或零上门,需要通过持续深化"最多跑一次"改革,促进政府职能的深刻转变,打造国际国内一流、公平竞争的法治化营商环境,建设人民满意的法治政府,让浙江成为"审批事项最少、办事效率最高、投资环境最优、群众和企业获得感最强"的省份之一。

"最多跑一次"改革取得了十分丰硕的成果,赢得了各方点赞、中央肯定,并已然成为复制推广到全国的典型经验。从"一窗受理、集成服务"到"无差别全科受理",从"标准地""承诺制"到实现企业投资项目开工前审批"最多 100 天",从"一网通办"到"一证通办",率先在浙江建成"数字政府""网上政府""掌上政府",实现更多事项"就近跑一次""一次也不跑"。一系列创新举措、创新模式如雨后春笋般涌现。从都市到乡村,从海岛到山区,从工作日到节假日,从行政服务中心到政务服务网。每一个地方,每一个人,都能感受到"最多跑一次"改革所带来的深刻变化。截至 2017 年底,浙江省级"最多跑一次"事项达到 665 项,设区市本级平均达到 755 项,县(市、区)平均达到 656 项,全省"最多跑一次"实现率达到 87.9%,办事群众满意率达到 94.7%。2018 年 10 月,经第三方评估,全省"最多跑一次"改革的实现率、满意率分别达到 90.6% 和 96.5%。①

◆◆ **案例 5-2**

"人生一件事"

2019 年 5 月,浙江省杭州市富阳区积极回应群众对公民个人

---

① 浙里改."最多跑一次"改革没有局外人[N].浙江日报,2019-02-11(1).
　　范柏乃,张鸣.浙江"最多跑一次"改革经验值得推广[N].光明日报,2018-05-15(5).

办事简易化、便利化、人性化的期望和呼声,成立公民个人"一件事"改革工作专班,对包括"出生、上学、就业、结婚生育、置业、就医、退休养老、身后事"8个阶段的全生命周期进行"一件事"研究,梳理出129个联办事项,率先推出公民"人生一件事"改革,从而推动"最多跑一次"改革向纵深推进。

新生儿出生后,父母用仅几分钟时间填写一份登记表,孩子的户口申报、医保、预防接种证、市民卡申领等证件可以一次性办理,后续只需等待证件快递上门即可。"人生一件事"改革,让百姓办证"磨破嘴、跑断腿"成为历史。

此次改革项目一期涉及出生、收养、上学、婚姻、殡葬等共33个联办事项,富阳区"最多跑一次"改革办公室、公安、卫健、教育等部门间搭建起一条共建共享的信息"高速公路",人生不同阶段的各类事项均可通过"一站式"服务进行"无证明"快速办理。通过搭建联办共享平台,凡是市民曾经填写过的资料,都会上传到"云端"。只要是"云端"有记录,各单位就能直接获取办事群众的各类证照及资料,无须重复提供。以新生儿出生为例,以往富阳市民要跑至少5个部门、提交14份材料,才能办理出生证、户口申报等10余项事项。通过"人生一件事"改革,富阳从源头采集公民个人信息,实现"证明取消、功能整合、流程再造、共建共享"的"一站式"办理。

案例来源:马剑. 杭州富阳"人生一件事"改革:33个事项"一站式"服务[N/OL]. 新华社,2019-05-09 [2021-09-26]. http://www.xinhuanet.com//2019-05/09/c_1124473057.htm.

案例简析 >>>

对于我们普通老百姓来说,前面审批事项改革的例子可能还是显得有些遥远和陌生,使人难以真切感受到"最多跑一次"改革所带来的成效。显然,法治政府依法全面履职不能不考虑普通群众的日常需求。实际上,不仅建设工程会涉及很多审批事项,作为与群众关系最密切的公民个人办事事项也不少。证件满天飞、办证跑断腿、材料反复交,一系列问题被办事群众百般诟病。"人生一件事"改革,就是特别为普通群众生活而发起的改革事项。

第二节　推进重大行政决策科学化、民主化和法治化

行政决策,是在政府工作前端实施的重要行为。健全行政决策机制,规范行政决策程序,提高行政决策的科学化、民主化、法治化水平,是建设法治政府的重要方面。

在建设法治政府的过程中,对社会影响较大的"重大行政决策"备受关注。一般而言,具有全局性、长期性、综合性等特点的事项,或涉及决策相对人较多,成本或金额较大,对公共利益或公民权利义务影响较深刻的应属于重大行政决策。早在 2015 年,浙江省就出台了《浙江省重大行政决策程序规定》,最大限度地把各种行政决策特别是重大行政决策纳入了法治化轨道,以公众参与、专家论证、风险评估、合法性审查、集体讨论决定等 5 个程序遏制"拍脑袋决策",对领导干部推进决策民主化、科学化起到倒逼作用。

此后,在吸取各地经验的基础上,2019 年,国务院出台的行政法规《重大行政决策程序暂行条例》第三条对重大行政决策事项作了列举:"(一)制定有关公共服务、市场监管、社会管理、环境保护等方面的重大公共政策和措施;(二)制定经济和社会发展等方面的重要规划;(三)制定开发利用、保护重要自然资源和文化资源的重大公共政策和措施;(四)决定在本行政区域实施的重大公共建

设项目;(五)决定对经济社会发展有重大影响、涉及重大公共利益或者社会公众切身利益的其他重大事项。"

一、确立重大行政决策法定程序五大节点

对于重大行政决策,党的十八届四中全会提出要把"公众参与、专家论证、风险评估、合法性审查、集体讨论决定确定为重大行政决策法定程序",这"五关"成为重大决策必经的环节。

(一)公众参与

顾名思义,公众参与是指公众直接或间接参与到行政决策中,让公众在决策中发出自己的意愿,常见的诸如通过举办听证会、座谈会等形式来公开决策事项、与民沟通。公众参与通过让公众"发声"的形式,构成了民主决策的重要环节,与此同时,公众的"发声"又可以增强科学决策的信息基础,因此对于保障行政决策的科学性也具有重要的意义。

(二)专家论证

专家论证,一般是指在行政决策中由具有专门技能和知识的人,经过缜密的分析、深入的研究,对决策的可能性、必要性、科学性作出正确判断和评估的过程的总和。专家论证不仅为决策的可行性和最佳性奠定了论证基础,还为决策注入了民主的因子。在专家论证中,需要注意的是对专家的遴选,应着重于专家的专业性和独立性考察。

(三)风险评估

风险评估作为技术的部分,旨在科学地调查和测定行政决策所面临的风险是什么,包括界定危害、确定剂量大小与危害反应之间的定量关系、测度暴露的强度频率与时间、最终确定风险的描述

和归类等。风险评估中，专家就风险是否存在以及存在何种风险提供的是"专家证据"。对风险的科学调查过程强调科学意义上的客观和价值无涉，专家只需诚实地忠于科学结论，而无须考虑其在复杂社会情境中的应用问题。

(四)合法性审查

依法行政是法治国家、法治政府的基本要求。法治要求政府在法律范围内活动，依法办事，因此在行政决策中，政府依法行政、依法决策是应有之义，这对保证行政决策与公共利益相契合、行政决策与法治原则相契合具有重要意义。

(五)集体讨论决定

从字面就可直观看出，作为与个人决策相对应的集体讨论决定是由决策集体共同作出的，这是我国民主集中制的体现。具体说来，重大行政决策集体讨论决定制度是指，行政机关在深入调查研究、广泛听取相关利益群体意见及专家学者等群体充分论证的基础上，由集体讨论研究，通过会议在多种选择方案中进行选择，最终作出决定。未经集体讨论，任何个人不得作出决策，杜绝个人说了算或者少数人专断，这将大大提高行政决策的民主性和科学性。

二、严格决策责任追究

责任是权力的孪生物，是权力的当然结果和必要补充，凡权力行使的地方，就有责任。当行政机关在制定决策的过程中由于不当决策导致社会经济、政治发展的重大损失，侵犯了公民权利和公共利益，决策者就必须为此承担相应的责任。通过"追责问责"这道防线，不仅是践行"权责统一"原则的体现，还可以形成强大的威慑力，以起到预防决策失误、保障决策科学民主的作用。对此，《法治政府建设实施纲要(2015—2020 年)》明确提出:"严格决策责任追究。决策机关应当跟踪决策执行情况和实施效果,根据实际需要进行重大行政决策后评估。健全并严格实施重大决策终身责任追究制度及责任倒查机制,对决策严重失误或者依法应该及时作出决策但久拖不决造成重大损失、恶劣影响的,严格追究行政首长、负有责任的其他领导人员和相关责任人员的党纪政纪和法律责任。"

需要注意的是,为了鼓励行政机关公务人员愿干事、敢干事、干成事,也需要建立"容错机制"。应当作出三个区分:把干部在推进改革中因缺乏经验、先行先试出现的失误和错误,同明知故犯的违纪违法行为区分开来;把上级尚无明确限制的探索性试验中的失误和错误,同上级明令禁止后依然我行我素的违纪违法行为区分开来;把为推动发展的无意过失,同为谋取私利的违纪违法行为区分开来,以此保护那些作风正派又敢作敢为、锐意进取的干部,最大限度调动广大干部干事创业的积极性、主动性、创造性。[①] 也就是说,应为"试错"者留出免责空间;当然,"容错"并不是对乱作为的宽容,法律仍是不可逾越的底线。

三、率先并持续深化规范性文件的法治化管理

在我国,根据《立法法》和国务院制定的《行政法规制定程序条例》及《规章制定程序条例》的规定,行政立法的过程大致包括立项、起草、审查、决定、公布等五个环节。行政法规与规章的制定程序在细节上略有差异。而对于行政规定(红头文件)的制定程序,目前尚缺乏专门的法律规范。虽然,拥有行政规定制定权的行政

---

① 林蔚文. 健全行政行为容错纠错机制[N]. 人民日报,2016-03-25(7).

机关不限于县级以上地方人民政府,但一般认为,行政规定的制定程序应当参照规章的制定程序,包括立项、起草、审查、决定和公布等环节,并且还应当坚持程序的民主性与经济性。因此,立项、起草、审查、决定、公布这五个环节构成了政府制定规范的基本要求。

浙江省规范性文件总体上比较规范,但是由于存在基数大、涉及面广、专业性强、调整的社会关系日趋复杂等情况,在实施规范性文件管理过程中推行了"三统一"制度(即规范性文件实行统一登记、统一编号、统一发布)。规范性文件备案审查实施之初,有不少部门为了规避合法性检验,不将本属于规范性文件的文本纳入文件管理体系,导致备案审查难以发挥实效,自浙江省率先在全国实施"统一登记、统一编号、统一发布"的"三统一"制度之后,这一问题得到了很大程度的解决。

第三节　坚持严格规范公正文明执法

党的十九大报告指出,建设法治政府,推进依法行政,严格规范公正文明执法。严格规范公正文明执法是一个有机统一的整体。其中,严格是执法基本要求,规范是执法行为准则,公正是执法价值取向,文明是执法职业素养。严格,就是在执法工作中,必须做到"有法可依,有法必依,执法必严,违法必究"。规范,是指规范执法的程序,必须按照法律规定的程序执法,做到实体与程序并重。公正,就是公平正义,对执法者来说就是实现法律面前人人平等。文明,是指执法者文明的形象,是对人的一种态度,是执法对象最直接的感受,文明执法要有礼有节、春风化雨、以文化人、以理服人、以礼待人。

一、推进执法体制改革：从相对集中处罚权到综合执法改革

科学合理地配置执法力量，是实现严格规范公正文明执法的基础。行政执法任务是配置执法力量的风向标，按常理，行政执法任务越重，执法力量就应当越充足。关于执法任务的繁重与否，不同层级政府、同一层级政府内不同部门之间都有所不同。这就意味着，配置执法力量时，应当以执法任务为核心，从横向和纵向两个层面加以考量。

◆◆ **案例 5-3**

从"七八顶大盖帽管不住一顶破草帽"到综合行政执法改革

实践中，执法主体多，执法权交叉、重叠等难题，使得推行联合执法和综合执法的重要性凸显。例如，针对临街店面装修方面存在的问题，规划、城管、市政、环卫等部门都可以行使执法权。但是进一步可能存在的问题是：有好处时，各部门纷纷跑在前面；出了问题，则互相踢皮球。这不仅加重了相对人的负担，也给行政执法机关的形象造成了负面影响。老百姓将执法监管领域这种"九龙治水"现象戏称为"三个大盖帽管不住一顶破草帽"。

为了解决这一问题，浙江省综合执法办贯彻省委省政府关于深化综合行政执法改革决策部署，确立构建"大综合、一体化"行政执法新格局改革方向。2020 年以来，浙江省综合执法办以贯彻落实省两办《关于深化综合行政执法改革的实施意见》和全省综合执法改革推进会精神为工作重点，不断推动改革任务落地落细落稳。截至 2020 年 12 月 31 日，17 项综合行政执法改革任务已基本完成，打造了"大综合、一体化"新格局，综合行政执法改革工作"四梁八柱"基本确立。

一是多路并进促队伍规范化建设。浙江省综合行政执法系统

深入推进文明规范公正基层队所规范化建设工作,进一步整合执法队伍,下沉执法力量。二是多措并举强化执法监督。围绕推动行政执法规范化、标准化、数字化,浙江省综合行政执法系统不断厘清执法主体、规范执法过程、创新执法制度、强化执法监督,持续推动严格规范公正文明执法。三是多管齐下优化营商环境。浙江省综合执法办以群众需求为导向,着力打造优质高效的服务,全力优化营商环境。

案例来源:赵颖.浙江省全面提升综合执法效能 打造法治政府建设"金名片"[N/OL].法制网,2021-01-09[2021-02-16].http://www.legaldaily.com.cn/zfzz/content/2021-01/09/content_8404250.htm.

案例简析 〉〉〉

一般情况下,每个行政机关可以根据自身的法定职责权限独自进行行政检查,作出行政处理决定。然而,这种分工细化的单独执法方式,在一些情形下会产生履职不充分或者执法资源浪费的结果。因而,有必要在特定领域内、特定情况下推行跨部门综合执法,也就是说,两个或两个以上的行政机关根据履行职责的需要,共同派人进行行政检查、作出处理决定的行政执法方式。

◆ 案例 5-4

浙江公安全力开展执法规范化建设

2006 年,时任浙江省委书记习近平在省委十一届十次全会上强调,建设"法治浙江"要重点抓好全面实行依法行政,推进法治政府建设;坚持司法公正,维护社会公平正义等十方面工作。浙江公安始终遵循习近平同志的嘱托,在率先实现执法队伍专业化、执法行为标准化、执法管理系统化、执法流程信息化道路上奋勇前行。

办案集约化专业化。"公安执法面广量大,执法要素、执法流程、执法环节复杂多样,容易出现各类安全隐患。近年来,我们充分借鉴企业集约化管理经验,将办案场所改造拓展为执法办案、案件管理、物证管理等三大功能区域,以看得见的标准化和规范化建设,全方位提升公安法治能力和水平。"浙江省公安厅法制总队相关负责人介绍,省公安厅为此还专门下发《全省公安机关加强执法办案管理中心建设指导意见》。目前,浙江省公安机关正全面推进执法办案管理中心建设,建立健全运行规范和管理制度,实现实体化运作,积极构建集约化专业化办案、流程化精细化管控、一站式全方位保障的办案、管理、服务新模式。

执法规范化精细化。打造更高水平的平安浙江、法治浙江,离不开执法司法规范化建设。近年来,浙江公安以深化司法体制改革为抓手,进一步规范执法司法工作,在维护社会和谐稳定能力、服务保障全省经济社会发展水平、执法司法质量效率和公信力、执法司法为民服务水平等方面都有了新提升。2019 年以来,浙江省公安厅共汇编下发 57 个典型案例、3000 套 42 部规范现场执法视频片和 59 个执法指引。同时,一大批执法问题集中整治活动相继开展,一系列建指引、强规范、指导实战的活动次第展开。截至目前,浙江省 72028 名民警获得基本级执法资格,4056 名民警获得高级执法资格,2998 名民警取得国家法律职业资格。

大数据助力智慧化。得益于浦江县公安局在全省率先启用的一体化办案中心,检察、法院、司法、银行、鉴定、邮政等部门派驻中心办公,对启动速裁程序的刑事案件,相关部门和公安机关同步介入,一方面提高了执法办案效率,降低了司法成本,另一方面将监督延伸到执法前端,倒逼民警规范执法。而执法"大数据"的投入运用更是为兼顾效率和公平增添一份保障。执法智能化建设的推进，为浙江省公安机关创建了开放共享、上下协同、灵活便捷的"助力器"，也成为打造法治公安的重要手段。

案例来源：李攀,沈成科,张怡炜,等.让法治精神融入每个执法环节[N].浙江日报,2021-03-26(6).

案例简析 〉〉〉

任何时候，公平正义都是执法司法工作的生命线。浙江省公安机关始终遵循总书记的殷殷嘱托，力求执法办案全要素管理、全流程管控、全领域覆盖，全方位提升公安执法规范化水平，不断提升浙江省公安工作法治化水平和执法公信力，让执法规范化建设成为浙江公安一张闪亮的"金名片"。

二、完善行政执法程序

执法方式的选取，以实现执法目的和完成执法任务为目标，主要关乎实体正义。从严格规范公正文明执法的完整含义出发，与实体正义相辅相成的程序正义同样不可忽视。程序正义最初源于司法领域，被视为"看得见的正义"，通俗地讲就是，案件不仅要符合实体法的规定，判得正确，而且要使当事人及社会公众感受到裁判过程的公正性和合理性。在加快法治政府建设过程中，身穿"制服"的执法人员，与身披法袍的法官一样，都应注重程序正义。

◆◆ **案例 5-5**

《浙江省行政程序办法》的制定

设置机构不规范、随意赋予执法职权、"临时工"究竟如何执法……这些都是行政程序建设中出现的问题。2016年浙江省政府常务会议通过的《浙江省行政程序办法》（下称《办法》），明确了行政程序基本规范，堪称浙江省地方行政程序的"基本法"。

"1＋X"体系规范权力运行。行政程序是指行政机关行使行政权力，作出行政行为所应遵循的方式、步骤、顺序和时限的总和，完善行政程序，既能促进行政机关依法行政、高效施政、廉洁从政，也有利于维护公民、法人和其他组织合法权益。《办法》的出台，意味着浙江省开始构建"1＋X"地方行政程序制度体系。其中，"1"指的是《办法》，主要确定行政程序的基本规范；"X"指的是浙江省已经制定或者正在考虑制定的行政程序方面的单行规章和文件。两者相结合，将能形成较为完备、成熟、定型的制度体系架构。

制度创新，直面执法问题。执法不规范、"选择性执法"……向来为群众所诟病，这些问题很多其实是程序性问题。《办法》确定了"最小损害的原则"，规定行政机关实施行政行为所采取的方式必须和行政管理目的相适应；如果有多种方式可以实现行政管理目的的，必须采取不损害或最小损害公民、法人和其他组织权益的方式；行政机关实施行政执法行为，如果将对公民、法人和其他组织权益产生不利影响，必须事先告知，并且听取其陈述和申辩。

诚实守信，加强监督管理。行政机关"随意执法"，乱作为，事后发现不对又"悄悄"撤回，在以往时有耳闻，在群众中容易造成"轻率"的印象，影响政府公信力。《办法》确定了行政机关要"诚实守信"的原则，如果不是因为法定事由，并且经过法定程序，不得擅自撤销、撤回、变更已经生效的行政行为；造成公民、法人和其他组织合法权益损失或者损害，也必须给予补偿或者赔偿；公民、法人和其他组织认为行政机关实施行政行为违反法定程序，损害国家利益、公共利益的，有权依法检举、控告。

案例来源：黄宏，朱伟.规范行政程序　确立执法原则[N].浙江日报,2016-06-06(3).

案例简析 》》》

程序有助于约束和规范行政执法权，确保行政执法行为的公正性。受传统人治观念的影响,长期以来人们更为注重实体正义,认为"结果好,什么都好",而忽视程序的价值。事实上,程序的不公正会直接影响到结果的公正性。程序也有助于提高行政执法行为的可接受性。强调程序正义,意味着重视行政执法机关与相对人之间的沟通,重视双方的说理过程。行政行为的可接受性前提是其应当具备合法性,但实践中,大多情况下,行政执法主体享有相当大的裁量权,仅要求具备合法性是不够的,还要具备合理性,因而,行政执法主体应当就相关情况,特别是裁量问题给出更为充分的理由。此外,让行政相对人参与其中,陈述事实,表达意见,可以缓解其对抗情绪,促使其心平气和、心服口服地接受最终的行政执法行为。

三、创新执法方式

面对纷繁复杂的行政任务,执法人员应采取怎样的执法方式?对此,法律规范有些时候没有给出明确的答案。然而,法律未作规定或是规定不明确,并不意味着行政机关可以对这些难题袖手旁观。因此,有必要鼓励行政机关创新执法方式,以解决这些难题。但创新不等于"无法无天",用好了善莫大焉,用不好,则赔上了来之不易的法治和公平正义。那么,如何创新执法方式呢?《法治中国建设规划(2020—2025年)》提出:"改进和创新执法方式,加强行政指导、行政奖励、行政和解等非强制行政手段的运用。"综合已有的执法实践来看,执法方式的创新集中反映在两个方面:从刚性为主到刚柔并济,借力"互联网+"。

首先,在加快建设法治政府进程中,积极推行说服教育、劝导示范、行政指导、行政合同、行政奖励等柔性或激励性执法方式,不仅能够寓执法于服务之中,融处罚于教育之中,在一定程度上能应对执法不力，消解执法冲突，而且是推进国家治理体系和治理能力现代化的应有之义。然而，应当认识到，创新行政执法方式，实现刚性为主到刚柔并济的转变，并非一蹴而就，而是一个允许试错的探索过程。在政府和社会协同治理的大背景之下，面对接踵而至的执法任务，各地行政执法机关和人员正在尝试以创新的执法方式更好地实现执法目的。

其次，"互联网＋"时代以大数据、云计算和物联网为基础，强调信息的流动与运用。正如李克强总理所言，通过"互联网＋"推动法治政府建设的关键在于，"实现部门间数据共享，让居民和企业少跑腿、好办事、不添堵。简除烦苛，禁察非法，使人民群众有更平等的机会和更大的创造空间"。具体到执法领域，在执法过程中借助物联网、智能手机、遥感、无人机、机器人等现代高科技设备，可以将现场执法转化为非现场执法，推进执法的半自动化，在一定程度上解决发现执法线索难、人力资源不足、执法成本高的问题。这些技术、设备可以打破时间和空间的限制，实现全方位的实时监管，还可以大大地提高行政执法的效率和精准性。

第四节　强化对行政权力的制约和监督，依法有效化解矛盾纠纷

党的十九大报告指出，要加强对权力运行的制约和监督，让人民监督权力，让权力在阳光下运行，把权力关进制度的笼子。建设法治政府，就是要切实增强按制度办事、依法办事意识，善于运用制度和法律管理社会事务，这就要求我们精心织就行政权力依法运行的"天罗地网"，构建有效的行政权力制约和监督体系，使行政

权力于法有据、依法行使、受法制约。

我国正处于社会转型的特殊时期,利益多元化的现象越来越显著,新型的矛盾纠纷层出不穷,特别是在环境保护、物业管理、劳动用工、社会保障、食品安全等与民生密切相关的领域,矛盾纠纷相对更为突出。再加上老百姓的权利意识逐渐提高,纠纷数量也呈增长之势。面对复杂多元的社会矛盾与纠纷,我们有必要构建多元化的纠纷解决机制。多元化的纠纷解决机制主要分为两类:诉讼方式和诉讼以外的方式。在当下的中国,诉讼以外纠纷解决机制的构建,关键在于充分发挥行政机关预防、解决行政争议和民事纠纷的作用。行政机关作为纠纷解决主体而具备专业性强、程序简易、高效便捷、成本低廉等优势,使其完全可能也有必要担当起这一任务。

一、全面推进政务公开

公开透明是现代政府的基本价值理念。政府组织、决策、行为的公开,是保障公民知情权、促进公众参与、规范行政权行使的重要支撑。所谓"阳光是最好的防腐剂",打造透明政府是法治政府建设的重要组成部分。

封建专制体制下的政府以一种神秘感来树立权威,从而使得行政处于半秘密状态。所谓"法藏官府,威严莫测",道出了此中真义。而政府信息公开制度就好像一个"透视镜",让老百姓得以观察政府权力运作的整个过程,使得政府变得透明,变得阳光。2007年1月17日,国务院第165次常务会议通过了《中华人民共和国政府信息公开条例》(于2008年5月1日起施行,以下简称《政府信息公开条例》),标志着我国政府信息公开制度的初步建立,也标志着透明政府理念开始在法律上得到贯彻。

　　打造透明政府,推进政务公开,主要具有三个方面的作用。政府变得透明,政府信息得以畅通无阻地让社会知晓。老百姓获得了这些政府信息以后,一方面可以根据这些信息更为高效地安排自己的生产和生活;另一方面也可以用这种方式监督政府,防止政府"暗箱操作",滥用权力,滋生腐败;再一方面,政府在审时度势地进行行政决策时,也可以通过信息公开的方式获得群众的反馈,从而使自身的决策更为科学合理,实现行政决策的最优化。

◆◆ **案例 5-6**

行政机关负责人出庭应诉制度的常态化、规范化

　　在浙江工作期间,习近平同志明确提出依法规范行政权力、全面建设法治政府,是建设"法治浙江"的关键所在。这些年,浙江省紧紧抓住领导干部这一"关键少数",从依法全面履行政府职能、规范行政权力运行、强化行政权力制约监督等方面,不断夯实依法行政基础,持续推进法治政府建设。

　　作为依法规范行政权力、全面建设法治政府的一个重要抓手,行政机关负责人出庭应诉制度在浙江根植深厚。经过 10 多年的常抓不懈、扎实推进,浙江省已基本实现行政机关负责人出庭应诉制度的常态化、规范化。据统计,2020 年,浙江省行政机关负责人实际出庭应诉率达 88.43%,位居全国前列。

　　从被动到主动,"告官见官"成常态。近年来,特别是新行政诉讼法施行以后,浙江省政府、省高院不仅分别出台、下发了相关意见,明确行政机关的应诉职责,强化行政机关负责人出庭应诉责任,还将行政应诉工作列入法治政府建设考核评价的重要内容。一组数据,见证最直观的改变:从 2015 年至 2020 年,浙江省行政机关负责人出庭应诉率翻了一番多。而随着"一把手"出庭应诉日

渐增多,思维也在悄悄改变:从"要我出庭"变为"我要出庭"。

从形式到实质,主动发声重沟通。事实上,对于行政机关负责人出庭应诉,"装装样子、做做形式"的非议一直以来都不少,原因之一,就是行政机关负责人在庭上不出声。针对专项监督时发现的"大部分行政机关负责人在法庭上很少发言"问题,杭州市人大常委会推动市政府定期举办专题培训班,对出庭中应注意的问题和应诉要点进行辅导;而杭州中院也创新设置了"对行政机关负责人出庭应诉情况进行即时记录,并以适当方式向行政机关进行反馈"的制度。据不完全统计,2020年,在全省行政机关负责人出庭应诉案件中,面对原告提出的诸多质疑和有关问题,相关负责人出声释疑的已超过六成。

从诉前到庭后,依法行政强效果。在庭前、庭中、庭后以法治思维和法治方式来履行其应有的职责,这是行政机关负责人不断完善的一种角色转变。而为了扩大这种效果,如何让更多的行政机关人员从中受益,也成为浙江省不断探索的一个课题。浙江省高院、省司法厅曾联合从依法行政角度组织"旁听百场庭审"活动,7000余人的"旁听团"中,厅处级干部1497名,行政执法及执法监督人员5000余名。他们纷纷表示,通过这次活动,不仅可以从具体案例中总结剖析工作中的问题症结,找准依法行政工作的薄弱点,还可以明确监督的发力点,进一步提升行政执法能力和水平。

案例来源:万笑影,朱秀华. 依法规范行政权力 全面建设法治政府[N]. 浙江日报,2021-03-26(6).

案例简析 >>>

行政机关的负责人依法履行出庭应诉职责,合理发挥负责人出庭应诉功能,有利于高效、实质化解行政争议,减少当事人的维权成本,节约司法资源。除了敢应诉的意识不断增强外,浙江省这些主动要求出庭应诉的行政机关负责人,不但摒弃了"丢面子"的老观念,还把这种制度视为政府与群众沟通的有效渠道。在化解行政纠纷的过程中,调解已成为一种重要方式,而"一把手"主动参与的效果明显更好,案结事了率也会大大提高。

二、加强行政执法监督

行政机关和广大行政执法人员是否严格、规范、公正、文明执法,直接关系到人民群众合法权益是否得到切实保护,关系到经济社会秩序是否得到有效保护,关系到推进依法行政、建设法治政府是否真正得到落实。

"有权必有责,权责相对应",意思就是行使怎样的权力,就要承担相应的责任。如果政府突破制约,无视监督,违法行使行政权力,肆意妄为,却不需要承担相应责任的话,那么对行政权力的制约和监督就形同虚设。离开问责机制,对行政权力制约监督的任何讨论就都是空谈。制约机制是创造"正能量",监督机制是发现和纠正"负能量",这里的问责机制就相当于对"负能量"进行追责、问责,并填补"负能量"所引起的损害。当行政执法过程中不可避免地出现问题或瑕疵,完善的问责纠错机制不仅是行政权力制约和监督机制的基本保障,也是建设法治政府的基本要求。

◆◆◆ **案例 5-7**

为担当者担当:法治化容错免责机制

2017 年 12 月,永康市委出台《永康市改革创新容错免责实施办法(试行)》,给敢干事、会干事、能干事的党员干部"试错权",保护干部担当热情。然而,在办法出台后,很多干部对组织的事后容错免责还是存有顾虑,不敢放开手脚大胆干。

对容错免责机制进行改进升级。2020年5月,永康市纪委加强对容错免责机制的创新实践,制定出台了《永康市改革创新容错免责事项审核备案办法(试行)》(以下简称《办法》),准确把握"三个区分开来"要求,将事后提请容错免责认定向事前容错审核备案拓展,把容错审核前置、备案免责前移,体现组织为干部担当,推动干部为事业担当,让广大党员干部更好地放开手脚干事创业。

"容错绝非违法违纪行为的'挡箭牌',更不是搞纪律'松绑'。"永康市纪委监委相关负责人介绍,容错免责的备案事项必须具备不违背党章、党内法规和法律法规的禁止性规定;符合上级党委政府和市委、市政府决策部署精神;有推进改革和创新发展的客观需要等"五个"必要条件。

根据《办法》要求,容错免责备案主要分为提出申请、会商审查、研判认定三个阶段。其中,在会商审查阶段建立了重要事项部门会商制和重点人员请示汇报制,对重大复杂事项的容错免责审核备案,由市纪委联合政法、信访、国土、建设、环保等相关职能部门进行审查。作出予以备案的决定涉及市管干部的,需报市委主要领导同意。

容错与纠错是鼓励基层干部干事创业的"车之两轮、鸟之两翼"。市纪委监委对审核通过的备案事项进行存档,定期对实施过程开展监督检查,发现存在应当纠正或者停止的"六类"情形,及时提醒纠正,帮助干部汲取教训、改进提高,形成允许试错、有错必改的良性机制。此外,对推进过程中出现隐瞒事实、以权谋私、主观恶意违规等"五种行为",将对有关责任人追责问责。

"今年两会报告中明确提出要为担当者担当,让履职者尽责。相信随着容错免责机制的不断完善,全市党员干部改革创新、干事创业的心会更踏实、更坚定。"永康市纪委主要负责人说。

案例来源：胡清波．永康探索干部容错免责机制［N］．金华日报，2021-03-07(A01).

案例简析 >>>

"人非圣贤，孰能无过。"对于改革这项复杂工作，如果只许成功不许失败，那既不合理，也不科学。改革开放 40 多年的经验表明，很多成就的取得伴随着不断试错纠错的过程。如果不分情况、不分性质，对犯错的干部搞"一刀切"，就会挫伤干部改革攻坚、干事创业的积极性。建立健全容错纠错机制，就是着眼于为担当者担当，调动广大干部的积极性、主动性、创造性，营造敢想、敢干、敢担当的党内政治文化。

三、深化行政复议体制机制改革

行政复议，指的是行政相对人认为行政机关的行政行为侵犯了其合法权益，依法向行政复议机关提出复议申请，行政复议机关依法对引发争议的行政行为的合法性、合理性进行全面审查，并作出行政复议决定的法律制度。与行政诉讼这一司法救济机制相比，行政复议属于行政系统内的行政纠纷解决机制，兼具权利救济和内部监督功能。而且行政复议程序简单、追求效率，原则上采取书面审理方式。这两个特点是一种优势，但也带来了一些问题：其一，行政复议案件数量少，不仅没有成为解决行政纠纷的主渠道，甚至未能减轻，有时反而增加了法院处理行政案件的负担。其二，即使对于进入复议程序的行政纠纷，复议机关的处理方式通常是作出维持决定，复议机关因此甚至被戏称为"维持会"，难以真正起到定纷止争的效果。

《法治中国建设规划（2020—2025 年）》旨在明确行政复议制度的改革方向，提出了具体要求。改革核心在于，充分发挥行政复议在解决行政争议中的重要作用。改革方向涉及行政复议组织和行政复议程序这两大主要内容。

关于复议程序,2014年第一次修正的《行政诉讼法》规定了复议机关为共同被告的规则,即"经复议的案件,复议机关决定维持原行政行为的,作出原行政行为的行政机关和复议机关是共同被告"。这一规定实施之后,对复议制度触动很大,就上述两个问题的改观起到了一定的促进作用。而关于行政复议组织的改革,2008年以来,国务院法制办在部分地方组织开展了行政复议委员会的试点工作,完善行政复议体制,积极探索相对集中行政复议审理权。最新的行政复议组织改革进展当属浙江省的"行政复议局"模式。

◆◆◆ **案例 5-8**

义乌市行政复议局:全国第一个行政复议局

2015年9月,作为浙江省深化行政复议体制改革试点的义乌市,率先成立了全国首家实体化运行的行政复议局。

义乌行政复议体制改革试点以"两整合一统一"为主要内容,其实质是通过整合义乌市域范围内行政机关复议权限,整合金华市相关职能部门复议权限,统一由义乌市人民政府行政复议局行使职权。

行政复议局成立以来,案件受理大幅增长,定纷止争成效明显。成立半年即受理案件203件,是改革前两年受案数的总和,受案数比同级法院行政庭受理案件数多50%,信访案件数同比下降43%。通过行政复议、行政调解等综合措施,实现政府、行政相对人定纷止争案件87件,既减少行政当事人参与诉讼的时间,也降低了行政成本,可以让行政部门有更多时间更多精力履行好社会管理职能，也被行政相对人广泛接受，成为政府行政部门与行政当事人化解行政争议的第一选择。通过改革进一步加强了政府法制监督，有效化解行政争议，推动政府不断强化依法行政，实现了复议与司法有效衔接。

以成立行政复议局为标志的义乌行政复议体制改革试点受到各方广泛关注和肯定，为全国行政复议体制改革提供了可复制、可推广的实践样本，也为修改完善相关法律法规提供了实践支撑。《人民日报》《浙江日报》头版刊登了义乌行政复议体制改革情况，今日浙江、澎湃、搜狐、腾讯、凤凰等多家新闻媒体对此宣传报道。浙江省领导分别作出重要批示。国务院法制办、中央编办专程赴义乌调研，山东、广东、甘肃等多省前来学习交流。

案例来源：义乌市成立全国首家行政复议局［N/OL］.浙江在线，2016-06-30［2021-09-26］. https://zjnews. zjol. com. cn/system/2016/06/29/021207683. shtml.

案例简析 >>>

设立行政复议制度，其目的是对行政机关的行为进行纠错，有耗时短、不收费的优点。然而，长久以来，相对于信访、行政诉讼而言，百姓要解决行政争议，行政复议往往是"冷门"。之所以如此，按照原先的体制，行政复议机关比较分散，一个行政行为又往往涉及多个部门，老百姓搞不清楚应该进"哪个门"。行政复议局的成立，可以说，精准解决了群众的这一痛点。老百姓遇到行政纠纷，需要提起行政复议时，只需向行政复议局申请行政复议即可，行政复议局将和各个部门沟通，把有限的行政复议资源集中起来加以利用，对案件统一审理、统一裁决，实现"一个窗口"对外，老百姓复议"找不对门"将成历史。

第五节　全面推进数字化改革,丰富法治政府建设内涵

　　我们所要建成的法治政府是一个以现代科技革命成果为支撑的数字化政府。未来已来,政府数字化改革势不可挡。政府的数字化改革是政府适应互联网时代的数字化社会环境,在云计算、大数据、物联网、人工智能等技术普遍应用的场景下,主动转变政府组织、管理和服务模式的过程,是政府治理的一场深刻革命,是从量变到质变、从理念到行为、从制度与工具到方法的一个系统性过程。法治政府是将政府的组织、行为、程序纳入法治化轨道,因此,法治化和数字化的目标对象高度一致,法治政府必然是数字化政府。在数字化政府的理念和架构支撑下,未来的法治政府将在行政组织形态、行政决策模式、行政程序设置、事中事后监管方式等方面发生革命性变化。

　　2015 年的《政府工作报告》将"互联网+"行动计划上升为国家发展战略,《国家信息化发展战略纲要》《促进大数据发展行动纲要》提出要以信息化驱动现代化为主线,推进国家治理体系和治理能力现代化。2016 年的《国务院关于加快推进"互联网+政务服务"工作的指导意见》明确,2020 年底前建成覆盖全国的整体联动、部门协同、省级统筹、一网办理的"互联网+政务服务"体系。2017年的《新一代人工智能发展规划》规划了中国人工智能的"三步走"策略,制定了到 2030 年成为世界主要人工智能创新中心的目标,并提出要运用人工智能推进社会治理智能化。党和国家领导人的这些重要讲话和接连出台的政策文件,是我国运用综合科技提升国家治理能力的重要部署。

这些年,浙江省按照习近平同志在浙江工作期间作出的"数字浙江"建设部署,坚持以人民为中心发展思想,深化"最多跑一次"改革,大力推动政府数字化转型,并撬动经济社会全方位数字化转型,省域治理体系和治理能力现代化程度显著提升。当前,浙江省进入数字化改革阶段,这是数字浙江建设的新阶段,是政府数字化转型的一次拓展和升级,是浙江立足新发展阶段、贯彻新发展理念、构建新发展格局的重大战略举措。推进政府数字化转型,是持续深化"最多跑一次"改革,高标准建设数字政府,实现政府治理体系和治理能力现代化的重要抓手。浙江省以"最多跑一次"改革为总牵引,围绕"掌上办事之省""掌上办公之省"建设目标,打造数据共享平台,构建业务协同模型和数据共享模型,全面推进经济运行、市场监管、公共服务、社会管理和环境保护等政府"五大职能"数字化转型,高标准创建人民满意的数字政府。①

一、"掌上办事""掌上办公"

在数字时代,数字技术使得政府也具备了相应的特殊能力,有效应对数字时代的挑战与困境。进多门、跑多网、耗时长的办事经历正逐渐退出历史,"部门协同办"将取代"群众来回跑","数字化网上办"正在实现"不见面也能办",老百姓办事更加省心省时省力。政务服务数字化是当前经济社会数字化转型中动力最强、需求也十分迫切的领域。未来看,数字治理必将在国家治理现代化的进程中发挥越来越重要的作用。

近年来,浙江省以"最多跑一次"改革为引领,全面推进政府数字化转型,建设"掌上办事之省""掌上办公之省"。截至目前,全省

---

① 袁家军.全面推进数字化改革 努力打造"重要窗口"重大标志性成果[J].政策瞭望,2021(3):4-8.

统一的移动政务服务平台"浙里办"已集成 412 项便民服务,实名注册用户 2800 万。群众凭一张身份证,即可通办 335 项民生事。全国首创的统一公共支付平台已累计办理网上缴费业务 1.4 亿笔,为群众节约办事时间约 6600 万小时。浙江省是全国最早开始探索应用政务钉钉的省份。浙江省的政务钉钉目前已实现省、市、县、乡、村、小组(网格)六级全覆盖,激活用户 123 万,上线各类办公、决策辅助应用 715 个,切实减少了文山会海,提升了工作效能,促进了政务公开。① 和日常使用的钉钉 App 相比,政务钉钉针对政务工作覆盖范围广、条块复杂、安全稳定性能要求高等特点,从通讯录、即时通信、文档管理、工作门户、开放平台、安全保障和运维服务等方面作了专业研究和专属定制,并采用高强度算法实施加密保护,确保数据安全。

二、互联网＋监管

2013 年以来,国务院以行政审批制度改革为抓手,加快推进政府职能转变。随着政府监管方式由"事前审批"向"事中事后监管"的转变,审批制度改革也就逐渐进入了"深水区",加强事中事后监管越来越成为深化"放管服"改革和推进政府职能转变的关键环节。2018 年 10 月 22 日国务院常务会议中,李克强总理提出,建设国家"互联网＋监管"系统,促进政府监管规范化、精准化、智能化。② 通过全面梳理形成监管事项目录清单,对地区部门的各类监管业务信息系统和数据加强整合归集,建立监管数据推送反馈机

---

① 陆乐.掌上办事 掌上办公[N].浙江日报,2019-10-22(4).
② 李克强主持召开国务院常务会议 部署根据督查发现和企业关切的问题进一步推动优化营商环境政策落实等[N/OL].中国政府网,2018-10-22 [2021-09-26].http://www.gov.cn/premier/2018-10/22/content_5333549.htm.

制和跨地区跨部门跨层级监管工作协同联动机制,实现"一处发现、多方联动、协同监管",建立完善相应的协同联动机制,逐步形成纵向到底、横向到边的监管体系。

2020 年 11 月,由中国社会科学院等主办的 2020 智慧中国年会发布了"2020 中国数字政府特色评选 50 强榜单"。浙江"互联网＋监管"平台入选,并获评数字政府示范引领奖。浙江"互联网＋监管"平台包含执法监管、监测预警、决策支持等三大核心应用,并建成执法监管数据中心,汇聚、整合各地各部门主体登记、行政许可、执法检查、行政处罚、信用红黑名单等数据,目前已归集 44 个部门 347 类、总计 6.06 亿条监管业务数据,并实时自动上传至国家"互联网＋监管"系统,实现数据"一网归集""一网共享"。[①]

三、公共数据共享与开放

政府公共数据开放是指政府将不涉及国家机密、国家安全和个人隐私等政府数据依法依规向社会开放,特别强调的是政府公开的是"原始数据",这跟传统意义上的政府信息公开是有所区别的。政府信息公开是指对原始数据进行一定的资源整合得出结论后再予以公开。政府信息公开是数据公开的前提和基础,通过政府信息公开,为政府数据开放提供政策依据和法律保障。而政府数据开放则是政府信息公开在科学技术和信息化手段的推动下的进一步延伸,从广度和深度上来看,政府数据公开达到了更高的层次。

《中共中央、国务院关于构建更加完善的要素市场化配置体制机制的意见》中明确指出,要加快培育数据要素市场,推动公共数

---

① 李攀,王黎婧.浙江"互联网＋监管"平台获示范引领奖[N].浙江日报,2020-11-28(2).

据开放共享,同时加强数据资源整合和安全保护。《中共中央关于制定国民经济和社会发展第十四个五年规划和二〇三五年远景目标的建议》也提出要"推动数据资源开发利用。扩大基础公共信息数据有序开放,建设国家数据统一共享开放平台"。

早在 2015 年,浙江政务服务网就推出了"数据开放"版块,首次面向社会公众开放省级政府部门 350 类数据。2016 年,浙江省启动"最多跑一次"改革,建设全省公共数据平台,实现"数据"多跑路、群众少跑腿;2017 年,浙江全方位推进政府数字化转型,围绕整体政府目标推进跨部门业务协同,实现数据应共享尽共享。2018年、2020 年,浙江省先后列入国家公共信息资源开放试点和公共数据资源开发利用试点。目前,浙江省已开放 8677 个数据集、15.2亿条数据,实现公共数据"能开放尽开放"。^① 在复旦大学联合国家信息中心数字中国研究院发布的《2019 中国地方政府数据开放报告》中,浙江在"中国地方政府开放数据指数"中排名全国第二。

案例 5-9

62 亿条公共数据的变革力量

大数据时代,每一个字节里都蕴藏着变革的能量。浙江杭州余杭作为数字经济先行区,在经济总量领跑全省的耀眼光环之下,正静水流深地汇集着公共数据资源。目前,该区已经形成了一个 62 亿条量的公共数据资源池。这些高居云端的资源,正通过一个个场景化的应用落地,在政府决策、公共管理、社会服务等各个领域发挥着作用。海量的公共数据资源如何利用? 各部门间的数据

---

① 王丽玮. 浙江已开放 15.2 亿条数据 实现公共数据"能开放尽开放"[N/OL]. 人民网,2020-07-24〔2021-03-26〕. http://zj. people. cn/n2/2020/0724/c370934-34181687. html.

壁垒如何打通? 数据应用如何更好匹配社会需求? 一系列难题,正在求解之中。

推倒"数据烟囱",刀刃向内的改革。基层政府的数字化转型,不仅是技术层面的革命,更是一次刀刃向内的改革。在信息化建设之初,政府各部门独立采购或者自建各种信息系统,在内部形成了一根根直上直下的"数据烟囱"。为此,余杭区启动建设区级政务数据交换中心。通过专业技术团队,将 100 多个各不相同的数据接口,转换成一个接口,解决了调用难题。

驱动"数据中台",精准计算的服务应用。"数据中台"指的是在信息化程度较高的企业里,用以汇聚整合数据,为生产、销售服务的平台。在数字化时代,政府越来越多地承担数据中台的枢纽角色,利用大数据来服务企业和群众。大数据的创新运用,要与政府、企业、群众的实际需求发生匹配,形成场景化才有意义。为此,在数字化转型过程中,余杭更多地与各类企业、研究机构、高端人才展开合作。比如东湖街道的智慧地下管网,引进了北斗的地理信息技术;仁和街道的人口管理平台引入了专业的社会学模型。

促进数据共享,共生共荣的实体经济新空间。开放共享是大数据时代的显著特征。因为数据,余杭区政府部门的大门向社会公众更加敞开。作为数字经济先行区,余杭内拥有大量优质的数字经济企业,他们的人才、技术、数据资源,对正在数字化转型的政府来说都是一笔宝贵的财富。而大量可公开的政务数据落地运用,为这些专业人才提供了展示技术能力的平台。遵循相关法律法规,按照安全可控原则,余杭区数据资源局已开放了部分政府部门的数据,这个敞开的资源池,为数字经济企业提供了更大的想象空间。

案例来源:施力维,唐骏垚,费彪. *62 亿条公共数据的变革力量*[N]. 浙江日报,2020-11-18(8).

案例简析 >>>

随着数字时代的全面开启,数据作为新兴的关键生产要素,在引领数字经济发展、推动社会治理转型升级等方面发挥着更加重要的作用。对于政府来说也是如此,政府公共数据的制作、开放与共享同样会对社会运行发挥重要作用。数据的价值不仅强调量,根本上强调是否通过挖掘分析形成智能知识,这取决于数据的完整性与流动性。政府所掌握的数据具备这样的特点。高价值的政府开放数据的获取,激发了全民参与创新热情,由此产生高价值的数据应用反哺社会,从而能够形成政府数据产生于民、用之于民的价值闭环。政府开放数据将带动各领域数据的全面共享,打破数据垄断,促进数据流动以刺激创新升级,推动数字经济的繁荣发展。

◆◆ 本章小结

在浙江工作期间,习近平同志明确提出依法规范行政权力、全面建设法治政府,是建设"法治浙江"的关键所在。这些年,浙江省从依法全面履行政府职能、规范行政权力运行、强化行政权力制约监督等方面,不断夯实依法行政基础,持续推进法治政府建设。自2015年来,浙江省共取消行政许可184项,省市两级清理取消证明事项198项,深化简政放权和减证便民,多地实现地方设定"零证明";推进政府数字化与法治化融合,初步建成"掌上办事之省";建立全面清理和专项清理制度,省本级累计审查法规27件、规章32件,清理后废止规章24件、修改72件,清理行政规范性文件11811件;截至2020年,全省外聘政府律师顾问9000多人,公职律师3600多名。①

---

① 胡宗昊.法治浙江建设社会公众满意度大幅上升[N].浙江法制报,2021-03-25(1).

法治政府的建设是国家治理现代化的关键和标志,法治政府在多元共建共治共享的国家生活和社会生活过程中发挥着主导作用。政府在整个国家治理体系中担负着组织、指挥、管理和执行的重任。在整个国家机关系统中,政府和政府工作部门是公民、法人和其他组织最经常、最广泛、最直接打交道的公权力主体。在各种国家权力中,政府及其工作部门的权力,特别是行政许可、行政确认、行政处罚、行政强制等各种与老百姓关系最密切的权力,也是最有机会和最有可能滥用、腐败和侵犯老百姓权益的权力。因此,法治政府建设是全面推进依法治国的重中之重。2035年我国将基本建成法治国家、法治政府、法治社会,这一远景目标给我国法治建设提出了新的要求。

思考题

1. 为什么说依法行政关键在于依程序行政?

2. 如何理解严格执法、依法行政和法治政府之间的关系?

拓展阅读

1. 习近平. 习近平谈治国理政(第二卷)[M]. 北京:外文出版社,2017.

2. 习近平. 论坚持全面深化改革[M]. 北京:中央文献出版社,2018.

3. 中共中央文献研究室. 习近平关于全面依法治国论述摘编[M]. 北京:中央文献出版社,2015.

4. 洛克. 政府论[M]. 叶启芳,瞿菊农,译. 北京:商务印书馆,2011.

深化司法体制改革,建设公正高效权威的社会主义司法制度,是推进国家治理体系和治理能力现代化的重要举措。公正司法事关人民切身利益,事关社会公平正义,事关全面推进依法治国。要坚持司法体制改革的正确政治方向,坚持以提高司法公信力为根本尺度,坚持符合国情和遵循司法规律相结合,坚持问题导向、勇于攻坚克难,坚定信心,凝聚共识,锐意进取,破解难题,坚定不移深化司法体制改革,不断促进社会公平正义。

——摘自习近平在中共中央政治局第二十一次集体学习时的讲话①

第六章　公正司法,提升司法公信力

◆ 本章要点

1. 深刻理解司法体制改革的重要性及四项改革内容,即司法责任制、人员分类管理、司法职业保障、省以下法院检察院人财物统一管理。

2. 深刻理解司法权力运行机制改革,包括诉讼制度、执行机制、法律监督机制的改革和完善。

3. 全面认识科学技术在司法改革中起到的作用,对具有浙江特色的互联网法院,全方位智能审判、政法机关一体化网上协同办案体系进行深入了解。

司法公正是社会文明的重要标尺,是社会治理达成"善治"的

---

① 习近平.习近平谈治国理政(第二卷)[M].北京:外文出版社,2017:130.

重要观察维度。以司法公正促进社会公正,是创新社会治理的一条重要路径。同时,司法公正也是司法公信力的根本保障,没有公正的司法,法律容易成为一种骗人的"文字游戏",一个社会普遍性的稳定和健康发展也不可能持续。在 2014 年 10 月召开的党的十八届四中全会上,习近平总书记作"关于《中共中央关于全面推进依法治国若干重大问题的决定》的说明"时,曾引用欧洲文艺复兴时期的著名哲学家弗朗西斯·培根说过的一段脍炙人口的名言:"一次不公正的审判,其恶果甚至超过十次犯罪。因为犯罪虽是无视法律——好比污染了水流,而不公正的审判则毁坏法律——好比污染了水源。"①这段话很朴素,但很深刻,它揭示了司法公正在社会治理中的基础性、源头性作用。

多年来,浙江各级人民法院坚持依法履职,公正司法,维护社会公平正义,努力做到阳光司法、司法为民、纠正错案,提升司法公信力,为社会风气的清朗、为社会秩序的稳定提供保障。

第一节　全面推进以司法责任制为核心的司法体制改革

党的十八届三中全会审议通过了《中共中央关于全面深化改革若干重大问题的决定》,明确提出"让人民群众在每一个司法案件中都感受到公平正义"的目标,并从"推进法治中国建设"的战略目标出发,对深化司法体制改革,加快建设公正高效权威的社会主义司法制度,作了全面部署。2014 年中央全面深化改革领导小组

---

① 习近平.关于《中共中央关于全面推进依法治国若干重大问题的决定》的说明 [M]//《中共中央关于全面推进依法治国若干重大问题的决定》辅导读本. 北京:人民出版社,2014:57.

第二次会议审议通过的《关于深化司法体制和社会体制改革的意见及贯彻实施分工方案》，明确了深化司法体制改革的目标、原则，制定了各项改革任务的路线图和时间表。之后中央全面深化改革领导小组第三次会议审议通过了《关于司法体制改革试点若干问题的框架意见》，就司法责任制、人员分类管理、司法职业保障、省以下法院检察院人财物统一管理四项改革工作展开先行试点，浙江省作为全国司法体制改革第二批试点省份，严格按照中央部署精神，积极稳妥地推动改革试点工作。温州、宁波等法院在司法改革中的先进经验入选最高法司改案例。

一、司法责任制改革：让审理者裁判，让裁判者负责

党的十九大报告要求"全面落实司法责任制"。司法责任制改革被称为司法体制改革的"牛鼻子"。2018 年 12 月，最高人民法院制定了《关于进一步全面落实司法责任制的实施意见》，明确要求全面落实司法责任制应当坚持目标导向和问题导向相统一，严格遵照法律规定、遵循司法规律，坚持司法为民、公正司法，坚持"让审理者裁判，由裁判者负责"。要着力破解司法责任制改革中存在的职能分工不明、审判责任不实、监督管理不力、裁判尺度不一、保障激励不足、配套机制不完善等突出问题，健全完善权责明晰、权责统一、监管有力、运转有序的审判权力运行体系，不断提升司法责任制改革的系统性、整体性、协同性，确保改革落到实处、见到实效。2019 年 1 月，习近平总书记在中央政法工作会议上指出："要全面落实司法责任制，让司法人员集中精力尽好责、办好案，提高司法质量、效率、公信力。"①

---

① 张洋，姚大伟. 全面深入做好新时代政法各项工作 促进社会公平正义保障人民安居乐业［N］. 人民日报，2019-01-17(1).

通过责任司法倒逼依法独立公正行使职权是社会主义法治理论创新对公正司法新话语的贡献。司法责任制，一方面是要"让审理者裁判"，意即合议庭或独任法官具有独立审判权，独立签署裁判文书，院长、庭长等不得干预案件审判活动，也不再签署裁判文书。另一方面，是要"让裁判者负责"，意即合议庭或独任法官要对其享有的独立审判权终身负责，实行错案责任倒查制。在司法体制改革前，审理者真正掌握的裁判权有限，一定范围内出现"审理者不裁判，裁判者不审理"的局面。司法责任制改革，让法官具有独立审判权。根据权责一致的要求，审理者在扩大裁判权的同时，也应承担相应的审判责任。严格的责任追究机制是确保审判权独立公正行使的末端保障。

2015年11月，浙江省高院、省检察院分别制定出台了法院、检察院的司法责任制办法，12月底完成了22个试点法院、检察院首批入额法官、检察官的遴选工作。之后浙江不断健全常态化遴选工作机制，定期遴选，对符合条件的申请人逐一面试，从严把关。到2020年下旬，浙江累计遴选入额法官、检察官9000余人。为保障法官、检察官依法独立行使职权，浙江法院、检察院改变以往"层层审批、层层把关"的模式，确立法官、检察官办案的主体地位，制定法官、检察官职权配置规定，明确权力清单，把该放的权放到位、让该担的责担起来。2020年8月，浙江省高院出台《浙江省法官惩戒暂行办法》，划清法官可为与不可为的界线，让惩戒工作更加规范，既通过监督制约保障审判权依法独立公正行使，又通过规范惩戒工作实现对法官的履职保护。

二、人员分类管理制度改革

司法人才建设是推进司法公正、维护社会公平正义的组织保障。党的十八届三中全会公报明确提出要推进司法机关工作人员的分类管理改革。法院、检察院在人事管理方面长期沿用公务员管理模式,在全面依法治国背景下,司法领域人事管理的行政权与司法权矛盾凸显,法官职业化程度不高、审判资源无法有效利用等问题极大阻碍了司法人才和审判事业的健康发展。① 没有正规化,全面落实司法责任制就可能步入歧途;没有专业化,全面落实司法责任制就难以落地生效;没有职业化,全面落实司法责任制就可能流于形式。法院人员分类管理是深化司法体制改革和司法体制综合配套改革的重要内容,是司法为民、公正司法的必然要求,是符合司法职业特点、适应审判工作规律的客观需要,是司法人才正规化专业化职业化发展的制度保障。建立中国特色社会主义审判权力运行体系,必须坚持以审判为中心、以法官为重心,全面推进法院人员的正规化、专业化、职业化建设,努力提升职业素养和专业水平。因此,建立分类科学、分工明确、结构合理和符合司法职业特点的管理制度是司法责任制改革的重要一环。

2018 年修订后的《人民法院组织法》和《人民检察院组织法》分别将法院、检察院工作人员划分为法官(检察官)、审判辅助人员(检察辅助人员)、司法行政人员三类。明确岗位职责,实行员额制管理和专业职务序列分类。完善人员分类目标管理考核办法和司法业绩档案,实现人员的分类考核评价,并将其作为各类人员选拔、专业等级升降及交流的重要依据。

——规范法官检察官遴选制度。员额制是司法责任制改革的核心,法官检察官是员额制的根本和基础。在司法体制改革过程

---

① 最高人民法院编写组. 公正司法的理论与实践探索[M].北京:人民法院出版社,2015:127.

中成立的法官检察官遴选委员会，是法官检察官成为员额法官检察官的制度通道，也是其选任主体。浙江省已于 2015 年成立了法官检察官遴选委员会。在司法体制综合配套改革中，委员会在运作上应当确立党管干部、客观公正、竞争择优的原则，减少行政干预。除笔试外，还加强对业绩考核、庭审面试的全面考察，突出业绩和能力导向，建立理论与实践相结合的能力考试方式。此外，目前法律服务市场规模庞大，其开放性将刺激法官"离职"心理，并不断冲击司法改革，这与司法机关形成人才竞争关系。因此，对法官的选任与评价还应充分考虑外部法律市场的因素。

——建构员额法官检察官动态管理机制。一方面，完善员额法官检察官退出机制，实现员额有进有出。通过配套绩效考核制度等，让能力、纪律等方面不适格者及时退出员额，确保员额检察官的精英化和高素质。退出机制的设立，意在对员额法官检察官实行动态管理、反向激励，维护其正当权益和专业权威，设置履职保障，并为其职业流动和转化提供畅通渠道。退出机制应当着重从业绩评价、惩戒措施和人事管理等角度分别考量员额法官检察官的退出模式，并对符合再入额的人员设计可能的再入额程序，保持机制开放，实现法官检察官的良性循环。区分不同原因退出的法官检察官，在转岗时给予有针对性的安排，如部分退出的法官检察官可尽量安排在法官检察官助理岗位接受锻炼，储备人才。另一方面，建立完善员额增补机制，根据不同地区经济发展水平、案件数量等因素，调整基层法院、检察院的员额数量，确保基层法院、检察院员额比例适合基层的案件任务量和案件类型特征。

——拓展司法辅助人员发展空间。科学确定法官、检察官与审判辅助人员的数量比例,建立司法辅助人员的正常增补机制。另外,给司法辅助人员保留发展空间,针对司法辅助人员建立完善科学合理的业绩考核制度,如建立个人业绩档案以作为推荐晋升员额的依据,使员额遴选更加科学合理和公平公正。

三、司法人员职业保障

在严格司法人员任职条件、强化司法人员办案责任的同时,为司法人员依法公正履职提供必要的职业保障,使他们能够正常地行使自己的职权显得尤为重要。司法人员履行法定职责,只有得到充分而有效的保护,才能敢于担当、不徇私情,才可能做到严格、公正司法。司法人员职业保障的改革旨在通过建立和完善司法人员的职业保障体系和运行机制,全面落实法律赋予司法人员的职业权力和职业地位,从制度上确保司法人员能够依法独立公正地行使职权,维护司法公正;同时依法保障司法人员的职业收入,保护其人身安全和其他合法利益,增强司法人员职业的尊荣,维护国家法律尊严和司法权威。2016 年 7 月,中共中央办公厅、国务院办公厅联合印发《保护司法人员依法履行法定职责规定》(以下简称《规定》),健全了司法人员职业地位的保障机制、完善了司法人员的权益保障机制,并拓宽了保障的人员范围及空间范围。

——健全司法人员职业地位的保护机制。《规定》从四个方面加强了对司法人员职业地位的保障:一是强调非因法定事由、非经法定程序,不得将法官、检察官调离、免职、辞退或者作出降级、撤职等处分,并明确了将法官、检察官调离、免职、辞退、降级、撤职的事由;二是对于法官、检察官不服处理、处分决定的,明确了其依法提出复议、复核,提出申诉、再申诉的权利;三是落实"谁审判,谁负责"的改革要求，明确上级机关、单位负责人、审判委员会或者检察委员会等依职权改变法官、检察官决定的，法官、检察官对后果不承担责任；四是健全追责机制，明确法官、检察官非经惩戒委员会审议不受错案责任追究，惩戒委员会审议错案责任案件必须进行听证，并保障法官、检察官陈述、申辩的权利。上述配套机制，实现了依法问责和科学免责的有机结合，健全了司法人员履行法定职责时的保护机制。

——完善司法人员的权益保障机制。长期以来，权益保障机制不健全是妨碍司法人员依法履行法定职责的重要障碍。针对近年屡有发生的司法人员因履行法定职责而受到报复伤害等情形，《规定》立足执法实际，明确部门分工，注重问题导向和可操作性，从四个方面完善了司法人员的权益保障机制：一是强调对采取不实举报、诬告陷害、利用信息网络等方式侮辱诽谤法官、检察官，泄露法官、检察官个人信息的，要依法追究有关人员责任；二是对威胁和暴力伤害法官、检察官的行为，明确了公安机关快速出警、果断处置的义务；三是规定法官、检察官办理特定类型案件时，可以享受出庭保护、禁止特定人员接触等必要的保护措施；四是强调国家机关及其工作人员对司法人员的依法履职保障诉求不作为的，应当给予纪律处分，必要时依法追究刑事责任。

——拓展司法职业保障的范围。为全面做好司法职业保障工作，《规定》对司法人员的职业保障做了"四个延伸"：一是将依法履职保障对象从法官、检察官延伸到包括司法辅助人员在内的所有承担办案职责的司法人员；二是将人身、财产权益保护对象从司法人员延伸至司法人员的近亲属；三是将依法履职保障空间从法院、检察院延伸至工作时间之外，确保司法人员在院内安全履职、在院外免受滋扰;四是将依法履职保障范围从人身财产安全延伸到相关职业权益,如休息权、休假权,以及与职业风险相匹配的保障权利等。

四、省以下法院、检察院人财物统一管理

党的十八届三中全会决议明确提出要改革司法管理体制,推动省以下地方法院、检察院人财物统一管理,探索建立与行政区划适当分离的司法管辖制度,保证国家法律统一正确实施。省以下人财物统一管理是确保司法公正的重要一环,旨在通过法院、检察院系统人、财、物的对外独立,强化司法机关体系内部自身控管力度,避免地方政府对司法审判的干扰,解决长期以来司法地方化严重的问题,确保宪法和法律统一正确实施,提升司法质效和公信力。省以下人财物统一管理模式的内容可分为对人的统一管理和对财务的统一管理。对人的统一管理是指省级以下地方法院、检察院机构编制实行由省级机构编制部门统一管理,市县两级机构编制部门不再承担法院、检察院机构编制管理工作。各地建立省级以下地方法院法官、检察院检察官统一由省级提名、管理并按法定程序任免的机制。法官助理、检察官助理由省级公务员主管部门会同高级人民法院、高级人民检察院统一招录。初任法官、检察官人选由省级遴选委员会在专业上进行把关,统一由省级提名并按法定程序任免。省级以下财务的统一管理是指省以下地方法院、检察院经费由省级政府财政部门统一管理机制,减少市县两级司法机关对同级财政的依赖,克服地方保护主义的影响,从制度上保障司法机关依法独立公正地行使司法权。

第二节 司法权力运行机制改革

《中共中央关于全面深化改革若干重大问题的决定》同时提出了"完善司法权力运行机制"的改革要求，这是对深化司法体制改革提出的又一重大任务。司法权力运行机制是对司法权配置、运行及其相互关系的制度性安排，关系到中国特色社会主义司法制度的完善。浙江省开展司法体制改革试点工作以来，积极推进司法运行机制的改革，包括深化以审判为中心的刑事诉讼制度改革、深化民事诉讼制度、完善行政诉讼制度等，注重突出浙江特点，加强杭州互联网法院建设，推广应用"在线矛盾纠纷多元化解平台"，推进政法信息化建设，全面应用推广"一体化办案系统"等，新型司法权力运行机制初步形成，人民群众安全感、满意度稳步提升。

一、注重宽严相济，深化以审判为中心的刑事诉讼制度改革

宽严相济刑事政策是我国的基本刑事政策，贯穿于刑事立法、刑事司法和刑罚执行的全过程，是司法机关惩罚犯罪、预防犯罪、保护人民、保障人权、正确实施国家法律的指南，对于提高犯罪治理水平和治理能力发挥着极为重要的作用。推进以审判为中心的诉讼制度改革，是党的十八届四中全会部署的重大改革任务。2016年，经中央全面深化改革领导小组第二十五次会议审议通过，最高人民法院、最高人民检察院、公安部、国家安全部、司法部联合印发《关于推进以审判为中心的刑事诉讼制度改革的意见》。此后，最高人民法院又出台了《关于全面推进以审判为中心的刑事诉讼制度改革的实施意见》，以及配套的《人民法院办理刑事案件庭前会议规程（试行）》《人民法院办理刑事案件排除非法证据规程

(试行)》《人民法院办理刑事案件第一审普通程序法庭调查规程（试行)》三个规程。

全面落实和完善以审判为中心的诉讼制度改革,防范冤假错案,需要公、检、法等行政部门和司法机关的通力合作。"以审判为中心"并非"以庭审为中心"或"以一审为中心",庭审制度以外的其他诉讼环节、体制、机制均应纳入"以审判为中心"。浙江省大力推进侦查人员、证人、鉴定人出庭作证,充分发挥庭审在查明事实、认定证据、保护诉权、公正裁判中的决定性作用。全面开展庭前会议、非法证据排除和法庭调查等"三项规程"试点工作,推进庭审实质化、规范化。温州、绍兴等地推行法检"两长"同庭履职,公安局长旁听庭审,合力推进以审判为中心的刑事诉讼制度改革不断深入。其中,浙江温州庭审实质化的成功经验还得到了最高人民法院的推广。

（一）确立司法系统内部的审判权中心地位

在司法系统内部确立审判权中心地位,构建新型侦审关系、控审关系和审辩关系。在侦审关系中,审判权应当坚持客观中立,以使在事实认定和法律适用上的权威对前期的侦查行为形成规制与制约。在控审关系中,实现控、审分离,法院独立作出事实认定,严格执行刑事诉讼法相关规定。在审辩关系中,在切实解决律师会见难、阅卷难、调查取证难的基础上,继续回应律师在庭审中发问难、质证难、辩论难的"新三难"问题,确保对律师权利的保障落到实处。

（二）确立司法系统外部的审判权中心地位

在司法系统外部确立审判权中心地位,防止外部权力干预。严格落实《领导干部干预司法活动、插手具体案件处理的记录、通报和责任追究规定》《司法机关内部人员过问案件的记录和责任追究规定》《关于进一步规范司法人员与当事人、律师、特殊关系人、中介组织接触交往行为的若干规定》,防止领导干部以私人名义干预"人情案""关系案",以及领导干部以"组织"名义干预其他具体案件,建立干预司法的通报、追责机制,营造尊重司法的氛围。

(三)全面落实庭审实质化,严格把握证据规则

庭审实质化是推进以审判为中心诉讼制度改革的重要路径。地方法院在庭审实质化的进一步改革的过程中,要注重完善庭前会议程序,规范非法证据排除和法庭调查程序,确保在法庭上出示诉讼证据、查明案件事实。在庭审中落实证人、鉴定人、侦查人员出庭作证制度。在证人出庭作证制度上,找准证人出庭问题的突破点,这就是要着重解决有争议的关键证人出庭,尤其是控辩双方或者辩方要求出庭的有争议的关键证人,并原则上以当庭证据为主要裁判依据。如此才可能促成控辩双方积极对抗,实现庭审实质化的改革目的。温州市中级人民法院"庭审实质化改革"实践入选最高法首批司法改革案例。

◆◆ **案例 6-1**

张氏叔侄案

2003 年 5 月 19 日,杭州市公安局西湖分局接到报警,在一水沟内发现一具女尸。经警方侦查,认定是前一晚上从安徽省歙县开车载货去上海,受托搭载被害人至杭州的张高平、张辉叔侄俩所为。2004 年 4 月 21 日,杭州市中级人民法院以强奸罪分别判处张辉死刑、张高平无期徒刑;2004 年 10 月 19 日,浙江省高院二审分别改判张辉死刑、缓期二年执行,张高平有期徒刑十五年。张辉和张高平均坚称自己无罪,判决生效后,张高平及其家人不间断地进

行申诉。2013 年 3 月 20 日,浙江省高级人民法院在浙江省乔司监狱对张辉、张高平一案依法进行了审理;2013 年 3 月 26 日,经浙江省高级人民法院依法再审公开宣判,认定原判定罪、适用法律错误,撤销原审判决,宣告张辉、张高平无罪。2013 年 5 月 20 日,浙江省高院作出国家赔偿决定,共计赔偿二人 221.14612 万元。

案例来源:徐盈雁.耗时 5 年平反张氏叔侄冤案[N].检察日报,2014-04-11(8).

案例简析 〉〉〉

张氏叔侄案暴露出我国过往"以侦查为中心"的刑事诉讼实践造成庭审过分依赖侦查卷宗笔录等书面材料,庭审流于形式,使得刑事诉讼通过法庭审理发现事实真相和保障人权的价值大打折扣,既不利于有效追究犯罪,也容易导致冤假错案的发生。推进"以审判为中心"的诉讼制度改革,就是要破解诉讼制度的症结问题,严格侦查、起诉环节的办案标准,通过庭审审判的程序公正实现案件裁判的实体公正,防范冤假错案发生,促进司法公正。

二、注重定纷止争,完善民事诉讼制度

随着经济的飞速发展和社会的进步,民事纠纷和诉讼案件同样也与日俱增。民事诉讼制度关系到纠纷当事人的权利能否获得实质性的、充分的、及时的保护。近年来,为提升纠纷解决的效率,真正做到案结事了、定纷止争,浙江省不断推进民事诉讼制度的完善。

(一)"大立案、大服务、大调解"新机制

浙江省高级人民法院于 2016 年起在全省法院推行"大立案、大服务、大调解"新机制。建立"大立案"机制,要求严格落实立案登记制,把"有案必立、有诉必理"的理念落到实处,同时对滥诉等问题依法加以有效规制。大力推行网上立案、跨域立案、延伸立案

等做法,努力打通立案服务的"最后一公里"。完善"大服务"机制要求以建设新型诉讼服务中心为载体,实现线上线下诉讼服务功能互通,将辅助性、事务性、社会服务性工作及部分审判工作前移,由诉讼服务中心提供庭审以外的全部诉讼和非诉讼服务,为群众诉讼、律师履职、法官办案、审判管理提供全方位的服务。强化"大调解"机制,不断创新发展"枫桥经验",坚持"纠纷解决分层递进"思路,发挥法院在矛盾纠纷化解工作中的引领作用,通过制度创新大力开展诉调对接与立案调解,打通诉讼外调解与诉讼内调解,实现优势互补,充分发挥调解的纠纷过滤功能,最终达到将大部分案件化解在庭审前的目标。经过几年的努力,"三大机制"的建设成了浙江法院"最多跑一次、最好不用跑"改革的主要抓手,在服务群众、分流案件、化解矛盾等方面发挥了重要作用,有效破解了案多人少、服务不到位、司法公信力不够等难题,有力推动了司法改革和司法为民。

(二)在线矛盾纠纷多元化解平台

为进一步便利当事人化解矛盾,及时有效地定纷止争,从 2018 年起,浙江全省范围内上线在线矛盾纠纷多元化解平台(Online Dispute Resolution,ODR)。平台通过大数据人工智能等技术,构建起集法律咨询、在线评估、在线调解、仲裁服务、诉讼服务五大服务模块为一体的社会化解纠纷服务共享平台,引入司法调解、人民调解、行业调解等多元化解纷资源,将矛盾纠纷逐级分流过滤,最终形成漏斗式的矛盾纠纷解决模式,调动了除司法调解资源外的人民调解、仲裁调解、律师调解等各行业、各条线的解纷资源,以"无创"或"微创"的方式化解矛盾纠纷,推动实现解纷领域"最多跑一次、最好不用跑"的目标。目前该平台与法院审判系统已形成无缝对接,网上立案的民商事案件自动推送到在线调解平台,由社会力量诉前化解。

◆◆◆ **案例 6-2**

ODR 平台助力矛盾纠纷的解决

2017 年,一起图片侵权纠纷起诉到杭州互联网法院。原告是外省公司,被起诉的是杭州公司。原告委托外省律师提起诉讼,被告方也委托了杭州律师代理。经过法院诉前引导,这起案件导流到了 ODR 平台上。很快,律师吴旭华介入调解,他是 ODR 平台登记在册的调解员。吴旭华跟双方代理律师约好了三方视频调解的时间。到了约定时间,吴律师在办公桌前,原告律师在外省律所,被告律师因临时有事,正坐在行驶在高速公路的同事车上,但这并不影响三方视频调解的进行。半小时不到,调解成功。事后,原告律师不禁感慨道:"往常这种案子,我得跑好几次,这回一趟杭州都没去,事情就解决了。"

案例来源:徐盈雁.浙江创新发展新时代"枫桥经验"[N].检察日报,2018-11-12(2).

案例简析 〉〉〉

在线纠纷多元化解平台是对新时代"枫桥经验"的创新和发展,在线咨询、在线评估、在线调解、在线仲裁、在线诉讼五大功能彼此衔接、互相连通,能将矛盾纠纷逐级分流过滤,最终形成漏斗式的矛盾纠纷解决模式。同时实现了让百姓解决矛盾纠纷"最多跑一次",甚至"一次也不用跑",真正做到"足不出户解纷争"。

(三)试点民事诉讼程序繁简分流改革

2019 年 12 月 28 日,第十三届全国人大常委会第十五次会议作出《全国人民代表大会常务委员会关于授权最高人民法院在部分地区开展民事诉讼程序繁简分流改革试点工作的决定》，授权最高人民法院在 20 个城市的中级、基层人民法院和部分专门人民法院开展试点，其中包括杭州和宁波。实行繁简分流，大力推进调解程序与速裁机制相衔接，实现简案快审、繁案精审。浙江省高级人民法院 2021 年工作报告显示，2020 年宁波法院坚持创新驱动、系统集成，完善小额诉讼程序，优化司法确认程序，全面激发司法效能，民商事案件平均审理天数较试点前缩短 8 天，一审判决案件改判发回瑕疵率仅为 0.07％，全省最优。杭州法院试点电子督促程序改革，发送电子支付令 2.4 万件，涉案金额 12 亿元，平均处理天数 14.3 天，较同类案件少 21.6 天，更好地满足了当事人多元、高效、便捷的解纷需求。①

三、注重实质化解，完善行政诉讼制度

为践行"让人民群众在每一个司法案件中感受到公平正义"的承诺，浙江省法院努力从不同层面破解"民告官"案件的难点、痛点，积极推进行政案件的实质化解。

（一）行政诉讼管辖权改革

为消除"民告官"立案难、审理难的痼疾，浙江省各地法院对行政诉讼管辖权进行了一系列探索和改革，通过推进跨行政区划集中管辖、交叉管辖、提级管辖等制度，让法院跳出了行政区划的制约，方便当事人起诉、应诉，避免地方行政对司法的干预，提升司法公信力。

2002 年 7 月起，台州市中院在全国率先试行行政案件异地管辖，对部分行政诉讼案件交由非被告所在地基层法院异地管辖。

---

① 李占国. 浙江省高级人民法院工作报告[N]. 浙江日报，2021-02-03(5).

2006 年 4 月,台州将异地管辖案件的范围扩大至辖区内所有行政案件。这一改革创举被称为"台州经验"。2007 年 9 月 17 日,丽水市中院在交叉异地管辖改革基础上,"试水"相对集中管辖。2015 年新《行政诉讼法》施行后,浙江多地依据新法规定并结合当地情况,推进多种管辖改革举措。2015 年 5 月,宁波确定集中管辖法院的同时赋予原告选择管辖法院权;同年 8 月,衢州市法院将辖区基层法院一审行政案件由柯城区法院集中审理。至 2018 年,浙江 11 个设区市均开展了行政案件管辖改革。2019 年杭州市进一步深化行政案件跨区划管辖工作,对杭州市部分行政案件跨区域管辖进行调整,调整主要集中在政府作为复议机关作共同被告的一审行政诉讼案件。通过行政诉讼管辖权的改革,有力地保障了行政审判权的正确行使及官民的平等诉讼权利。

(二)注重行政调解

浙江是"枫桥经验"的发源地,温州是全国首例"农民告县政府"案件的发生地,浙江推进行政争议调解工作具有历史传承性和现实必然性。自 2017 年湖州市法制办与安吉县法院挂牌设立全国第一家行政争议调解中心以来,浙江省各设区市及各县(市、区)均挂牌设立中心,实现从一枝独秀到遍地开花。2019 年 12 月 31日,浙江省行政争议调解中心揭牌仪式在杭州举行,标志着浙江行政争议调解中心实现了省市县全覆盖。浙江省行政争议调解中心是全国首个省级行政争议调解中心,是深化法治政府建设、推进省域治理现代化的创新举措,也是坚持发展新时代"枫桥经验"、维护人民群众合法权益的重要平台。对于向省政府和集中复议的省级部门申请行政复议、向省法院起诉的行政争议,承办人或承办法官将引导申请人或原告借助行政争议调解中心进行调解,以推进更

多的行政争议得到实质性化解,减少行政案件诉源。浙江省高级
人民法院 2021 年工作报告显示,2020 年全省积极推进省、市、县三
级行政争议调解中心实体化、标准化、智能化运作,协调化解
36.6％的行政案件,取得了良好的效果。

(三) 行政负责人出庭应诉

"民"告"官",当然也要见"官"。自 2003 年温州鹿城区法院积
极推动当地政府在全国率先出台行政机关负责人出庭应诉制度,
经浙江省高院总结推广,全省各地陆续建立了这一制度。2015 年,
新《行政诉讼法》吸纳浙江等地的经验,将行政机关负责人出庭应
诉上升为法定义务。行政机关负责人出庭应诉,有利于增强行政
机关负责人依法行政意识,促进规范行政机关执法活动,缓和官民
矛盾,对实质化解争议有着重要作用。在全省法院的扎实推进与
省有关机关的配合支持下,浙江行政机关负责人一审出庭应诉率
持续攀升,取得了良好的社会效果。以湖州市为例,自 2015 年新
《行政诉讼法》实施以来,行政机关负责人出庭应诉率逐年提升,由
2015 年的 50％左右上升至 2019 年 1 至 5 月的 93.39％。经过多
方共同努力,湖州地区行政机关负责人出庭应诉已成常态 ,"民告
官"案从此见"官"不再难。在既有经验和成果的基础上,2020 年,
浙江省出台《关于全面深入推进行政机关负责人出庭应诉工作的
若干意见》,对如何将行政机关负责人出庭应诉工作全面向纵深推
进作出部署,并提出要充分发挥该项制度在推进法治浙江、法治政
府、法治社会建设,实质性化解行政争议及诉源治理中的作用,努
力把全省行政机关负责人出庭应诉建设成为法治浙江建设的重要
品牌。

◆◆ **案例 6-3**

首开行政负责人出庭应诉

自 1990 年施行《行政诉讼法》后,与全国其他省区市类似,浙江行政机关负责人出庭应诉的案件长期屈指可数,但这一情况从 2003 年起开始改观。温州鹿城区于 2003 年率先在浙江省制定出台《鹿城区行政首长出庭应诉制度》,初步建立了行政首长出庭应诉制度。2005 年 11 月 1 日,温州市政府首次在设区市层面出台负责人出庭应诉要求。

案例来源:高敏.从苍南"民告官"全国第一案起步 为公民权利救济开创行政诉讼浙江范本[N].浙江法制报,2018-09-21(1).

案例简析 〉〉〉

温州鹿城区首开行政首长出庭应诉制度,对规范行政行为,强化司法权威,落实行政责任,提高鹿城区依法行政和预防、化解行政争议的能力和水平起到了显著成效。行政机关负责人积极有为的参与,有效缓解了行政机关与行政相对人的对立情绪,促进了行政争议的实质性解决。

四、注重强制威慑,完善执行体制机制

执行工作是司法程序的"最后一公里",事关司法权威和司法公信力,事关人民群众合法权益及时实现。一直以来,"执行难"是困扰各级法院的突出问题,"执行难"的成因复杂,是各种社会矛盾纠纷在司法领域的反映。切实解决执行难,是一项系统工程,必须加强综合治理、源头治理、多方协作、多措并举,形成强大合力。近年来,浙江打出了解决执行难的多张"金名片",探索出了一系列成熟有效的"浙江做法"。

首先,浙江省在全国最早实行未履行债务被执行人信用公示

机制,2009 年起在"信用浙江"网上公示被执行人名单,有效地引领了社会诚信意识的提升。其次,浙江省在全国率先建立被执行人财产网络查控系统,迄今已覆盖存款、房、车、婚姻、证券、理财产品等多类型财产和信息,起步早、覆盖广、效率高。再次,浙江省首创公安机关协助布控被执行人机制,破解找人难问题。2014 年,浙江省高院与省公安厅建立了公安机关协助人民法院查控被执行人机制,借助公安机关的人脸识别系统,在人流密集场所查找被执行人;同年 7 月,省高院与省高速交警总队建立起高速公路协助控制被执行人车辆机制。此外,浙江省自 2016 年起大力推进和完善"执破"衔接机制,在总结全省经验基础上,浙江省高院率先出台规范性文件,就执破衔接工作的启动与释明、执行法院之间,以及执行法院与破产管辖法院之间执破衔接工作提出具体意见,还就执破衔接工作推进中的执行案件的结案、及时裁定债务人企业破产、破产程序启动后原财产保全措施的解除、参与分配制度对企业法人的限制适用及执破衔接工作的监督等内容提出工作指引,推动全省破产审判工作的常态化开展。2019 年浙江省高院出台的《关于进一步强化强制执行措施的若干意见(试行)》,被称为"史上最强执行措施",完善了财产报告、动产交付、不动产腾退规则。2020 年 3 月,浙江省委全面依法治省委员会出台《关于加强综合治理从源头切实解决执行难问题的实施意见》,就加强执行难综合治理、深化执行联动机制、加强人民法院执行工作作出部署,旨在畅通实现公平正义的"最后一公里",推动从源头上切实解决执行难的问题。

◆◆ **案例 6-4**

司法网上拍卖让执行更公正透明

2012 年浙江省高级人民法院和淘宝网联合推出的网络司法拍卖平台上线。随后,宁波市北仑区人民法院的宝马 730 轿车和宁波市鄞州区人民法院的三菱欧蓝德越野车成为第一批拍品。统计数据表明,开拍前围观人数超过 30 万人。整个拍卖分为六个步骤:项目公告、付保证金报名、参与竞拍、支付余款、结算交付。宝马车起拍价 19.99 万元,最终以 33.09 万元成交,买家为吉林辽源市民。三菱欧蓝德评估价起拍价 5 万元,最终以 67000 元被拍出,买家为宁波本地市民。这是全国首次法院在网络上进行司法拍卖。随着网拍经验日臻成熟,网拍机制日趋完善,自 2014 年开始,网络司法拍卖已成为浙江法院处置涉讼财产最主要的方式,网拍工作进入常态发展阶段。截至 2018 年,全省法院在司法网拍平台总成交额已达到 3008.1860 亿元,为当事人省下佣金 59.2681 亿元。

案件来源:浙江省高院回应网络司法拍卖质疑[N].法制日报,2012-08-10(4).

案例简析 〉〉〉

传统的委托拍卖中,法官和拍卖行有较大的寻租空间,极易产生腐败。浙江法院"零佣金"进行网络司法拍卖的改革新举措克服了传统委托拍卖的弊端,带来了四个方面的明显好处:一是扩大了竞拍范围,创造了良好的竞拍环境;二是促使拍卖标的物交易价格最大化;三是真正实行零佣金,减少中间环节,提高执行效率;四是完全公开、透明,减少暗箱操作。

五、注重刚性约束,强化法律监督

党的十九届四中全会提出加强对法律实施的监督,并为把司法监督纳入党和国家监督体系作出部署。法律监督是实现法律权威的重要途径和保障，是对公平正义的守护。建立监督与被监督的良性关系，实现监督者与被监督者的双赢，才能让监督工作落在实处，取得人民群众对政法工作的信赖。在法治浙江建设的进程中，浙江省注重强化法律监督，积极主动抓落实，取得了显著的成绩。

◆◆ **案例 6-5**

司法文明指数全国第一

"中国司法文明指数"（China Justice Index）是司法文明协同创新中心开发的一种法治量化评估工具，反映了人民群众对本地司法文明状况的满意度，为全国各地加强司法文明建设提供一面可供自我对照的"镜子"。报告通过问卷调查方式对 2019 年全国 31 个省份的司法文明指数进行了评估，浙江从 2018 年的第 18 名跃居第一。司法文明指数共包括 10 个一级指标、32 个二级指标。报告显示，浙江在"民事司法程序""行政司法程序""司法公开"3 个一级指标均排名全国第一；在"司法裁判受到信任与认同""当事人享有获得救济的权利""民事审判符合公正要求""行政诉讼裁判得到有效执行""司法过程依法公开""裁判结果依法公开"6 个二级指标中排名全国第一。

案例来源：徐迅雷.司法文明的指数［N］.杭州日报，2020-12-08（2）.

案例简析 >>>

司法文明，有赖于制度建设；司法文明指数的提升，依靠司法人点点滴滴的努力。2019 年浙江省司法文明指数全国第一，折射出浙江司法改革的成效和浙江人民对司法工作的满意程度提高，体现了浙江探索、浙江创新、浙江经验的成功。

◆◆ **案例 6-6**

阳光司法

阳光是最好的防腐剂。浙江在"阳光司法"上的前进步伐非常迅捷、稳健。2013 年,浙江在全国率先建立"阳光司法"指数评估体系,开通全国首个省、市、县三级法院一体化公开、一站式服务、智能化应用的司法公开网站——"浙江法院公开网",对所有审判执行工作都可以实行全面、动态和实时监控。在 2014 年度中国司法透明度指数评估报告和中国海事司法透明度指数报告中,浙江省高级人民法院、宁波市中级人民法院、宁波海事法院分列全国高院、中院和海事法院榜首。这份成绩单表明,浙江的阳光司法尊重群众的知情权、参与权和监督权,由此赢得了民众对于司法的理解和信赖,从而也得到了社会的认可。

案件来源:余勤.聆听"法治浙江"的足音——贯彻落实以习近平同志为总书记的党中央治国理政新理念综述之十[N/OL].浙江在线,2016-01-29[2021-03-06]. https://zjnews. zjol. com. cn/system/2016/01/29/021007605. shtml.

案例简析 〉〉〉

近年来,浙江高院一直将阳光司法作为推动浙江法院各项工作全面发展的基础性工程。浙江法院坚持阳光司法、以公开促公平,不断探索构建开放、动态、透明、便民的阳光司法机制,为当事人和社会公众提供更加全面、更加便捷、更加符合时代需求的司法公开服务,让公平正义看得见、摸得着、感受得到。

◆◆ **案例 6-7**

三项承诺

早在 2006 年,正值习近平同志在浙江工作期间、浙江省委酝酿"法治浙江"战略前后,浙江法院对全省社会各界和老百姓作出了"三项承诺"——"努力做到不使有诉求的群众因经济困难打不起官司,不使有理有据的当事人因没有关系打不赢官司,不使胜诉当事人的合法权益因执行不力、不公得不到保护。"为了兑现这三项承诺,法院出台了53项具体措施。典型的举措如:为解决困难群众打不起官司的问题,扩大司法救助对象和范围,对城市"低保人员"、农村"五保户"、"特困户",以及没有固定生活来源的残疾人、孤儿等起诉的,一律免交案件受理费;对追索赡养费、扶养费、抚育费、抚恤金、社会保险金、劳动报酬和经济补偿金等案件,一律缓交诉讼费。为确保有理有据的当事人打赢官司,加强了审判流程管理、监督制约、案件质量评查、审判指导,通过实行随机滚动分案、规范审判过程中的自由裁量权行使、强化对合议庭的管理和监督、建立案件评查工作机制、建立法官办案质量建档制度、建立案例指导制度、建立案件改判/发回重审通报制度等,对立案、审判、执行及案卷归档的每个环节实行全程跟踪监督,确保各个环节衔接顺畅、运作高效。为解决案件胜诉当事人的权利实际得不到保障的问题,建立了综合执行机制,全省各级法院加强与公安、工商、房地产、国土资源、建设、金融、司法行政等部门的协作配合,通过信息交流互动,在被执行人履行生效法律文书前,依法限制或禁止被执行人融资、投资、招投标、出境、注册新公司、高消费等。

案例来源:杨润时,杜中杰,余建华.为了构建和谐社会——浙江法院履行"三项承诺"系列述评之一[N].人民法院报,2006-10-09(5).

案例简析 〉〉〉

中国传统文化中有"无讼""厌讼"的传统,通过"打官司"解决纠纷不是很多老百姓的首选。进入现代和当代中国,这一状况虽有所改变,但一个不争的事实是,在相当长的一段时期内,一些群众在自身利益受损时,首先想到的不是拿起法律武器,这种思维和行为习惯还具有一定的"破窗效应"①。"三项承诺"的实施,有效地阻滞了这种"破窗效应"的发酵,老百姓选择诉讼渠道解决社会矛盾和纠纷的意愿得到显著增强,将司法作为纠纷解决的主渠道,也使得整个社会更加理性。

第三节 科技融合,释放司法改革红利

2019 年 1 月,习近平总书记在中央政法工作会议上指出,要"推动大数据、人工智能等科技创新成果同司法工作深度融合"。②近年来,浙江法院坚持以习近平新时代中国特色社会主义思想为指引,深入贯彻习近平总书记对浙江"干在实处、走在前列、勇立潮头"的指示精神,在最高法院的有力指导下,不断推进审判管理改革创新,着力提升执法办案的信息化、智能化水平,借助科学技术,释放司法改革红利。

一、互联网法院

杭州是电子商务发展先行区,网络交易发达,被称为"移动支

---

① 破窗效应(Broken windows theory)原来是犯罪心理学所描述的一个现象。由美国学者詹姆斯·威尔逊(James Q. Wilson)及乔治·凯林(George L. Kelling)提出,并刊于 *The Atlantic Monthly* 1982 年 3 月版的一篇题为"Broken Windows"的文章。此现象表现为,环境中的不良现象如果被放任存在,会诱使人们仿效,甚至变本加厉。以一幢有少许破窗的建筑物为例,如果那些窗不被修理好,可能将会有破坏者破坏更多的窗户,他们甚至会闯入建筑内,如果发现无人居住,也许就会在那里定居或者纵火。

② 全面深入做好新时代政法各项工作促进社会公平正义保障人民安居乐业[N].人民日报,2019-01-17(1).

付之城",但大量的网络交易纠纷也随之而来。为适应互联网发展大趋势,满足现实的诉讼需求,全国首家互联网法院于 2017 年 8 月 18 日落户杭州。而早在 2015 年 4 月,浙江省高级人民法院即主导了电子商务网上法庭的试点建设,分别审理网络交易纠纷、网络支付纠纷、网络著作权纠纷及其上诉案件。2017 年 6 月 26 日,中央全面深化改革领导小组第三十六次会议审议通过了《关于设立杭州互联网法院的方案》,对杭州互联网法院建设、加强涉网案件审判、促进互联网和经济社会深度融合等作出重要部署。从 2017 年 5 月 1 日杭州互联网法院试运行至 2019 年,杭州互联网法院共受理各类互联网案件 2.6 万余件,审结近两万件,开庭平均用时和审理期限分别节约 65％和 25％,服判息诉率达 97.27％,当事人自动履行率达 97.44％。

在疫情防控期间,互联网法院充分发挥了自有优势,率先创设常态化疫情防控在线司法服务样本,为各地法院服务疫情防控和复工复产提供实践经验;首创异步审理模式,在哈佛大学召开的"在线法院与司法的未来"国际研讨会上被重点讨论;启动在线诉讼平台适老化改造、建立老年当事人绿色通道等,着力解决老年人运用智能技术困难。2020 年杭州互联网法院审理的"董存瑞、黄继光英烈名誉权保护案""河南籍女大学生网上求职遭拒案"被写入最高法院全国两会工作报告;审理的首例销售伪劣口罩民事公益诉讼案件,入选《中国审判》2020 年度"十大典型案例"。

◆◆◆ 案例 6-8

移动微法院

2017 年 10 月 8 日,余姚法院率先试点微信小程序"余姚微法院",这是全国法院首批投入实战应用且全流程覆盖的移动办案诉讼平台。在试点基础上,2018 年 1 月 2 日,宁波市两级法院全面上线运行微信小程序"宁波移动微法院",全面适用于民商事案件和执行案件。2 月,"浙江微法院"集群平台在全国率先上线,当事人在微信中搜索"浙江微法院"小程序,就可以向法院申请刑事、民事、行政案件的立案,并利用这个小程序进行开庭、调解和执行。8 月 14 日,宁波移动微法院从 3.0 版升级到 4.0 全国版,并于 9 月 10 日在全省正式上线。从余姚试点到全省上线,从宁波移动微法院到 4.0 全国版,移动诉讼平台既满足了当事人多元化、一站式的司法服务需求,又满足了法官减少事务性工作、提升办案效率的需要,为浙江省打造"互联网+司法"创新高地又竖立了一块"金字招牌"。

案例来源:高敏. 打开微信就能打官司"浙江移动微法院"4.0 版全省上线[N].浙江日报, 2018-09-10(6).

案例简析 〉〉〉

作为移动阳光司法平台,移动微法院具有全程公开、沟通充分、全程留痕的特点,将司法公开从结果公开推向过程公开。移动微法院 4.0 版为案件当事人及全省一线办案法官提供了一个全新、便捷、高效的司法服务平台和办案辅助平台,也为移动端诉讼平台的未来发展提供了一个标准化、规范化、智能化的模板和方向。

二、全方位智能审判

2015 年 7 月,最高人民法院首次提出"智慧法院"的概念,目标是通过法院信息化建设转型升级,实现审判体系和审判能力现代化。浙江省近年不断深入推进智慧法院建设,积极探索适应时代要求、具有浙江特色的审判运行新模式。浙江高院通过与阿里巴巴集团合作建立"审务云"平台,实现当事人信息共享、文书送达、化解纠纷、预防金融犯罪等作用。为进一步运用大数据、人工智能（AI）等现代科技成果构建审判智能化新模式，提高法官办案质效，近年来浙江法院着力推进诉讼电子卷宗随案同步生成，全面开发和支持电子卷宗在案件办理、诉讼服务和司法管理中的深度应用，努力打造智慧法院示范省。在最高人民法院指导支持下，浙江确定浙江省高级人民法院、台州市中级人民法院、玉环市人民法院为试点，积极探索电子卷宗随案同步生成和深度应用模式，致力于构建一套涵盖自助立案、移动阅卷、电子送达、信息回填、辅助办案、智能庭审、一键归档的智能、便捷、高效的智慧法院办案新模式，让一线法官和诉讼参与人有更多实实在在的获得感。此外，在法律界，"同案不同判"一直备受争议。阿里云的大数据专家研究出一套"相似案例比对服务"，将之命名为"明镜"。一方面，法院可借此来挖掘法院已判案例数据，输出与目标案件相似的已判案例，从而智能化协助法官判案。另一方面，这个系统还有审判偏离度预警机制，这样，法官给出判决之前，系统会自动与历史案例的裁判尺度进行比对，减少主观因素，约束法官自由裁量权。

为提升司法效率、降低司法成本，2019 年浙江省高级人民法院在前期实验室探索基础上，以金融借款纠纷为主攻方向，成功研发了无实体的 AI 法官助理"小智"，初步实现人工智能技术在特定类型案件审判全流程的深度应用。2020 年 12 月 28 日，浙江省杭州市江干区人民法院的庭审现场，在法官的操作下，无实体的人工智能程序通过在线审判平台向当事人发问。经过所有庭审流程，法官对这起涉及 48 万元贷款逾期未还的金融借款纠纷作出了判决，从立案到宣判，用时 5 天。

◆◆◆ **案例 6-9**

庭审直播：可视化的正义

为扩大庭审公开范围，让更多的百姓看得见，浙江法院广泛运用了电视、网络、广场电子显示屏、微博、微信等方式公开庭审过程。"公民不需预约，可以随时'走进'浙江任何一个法庭，旁听任何一个公开审理的案件。"浙江法院 1783 个审判法庭全部建成数字化法庭，在全省 90 个看守所建成了 92 个远程视频提讯室，所有开庭案件都可以实现同步全程录音录像、同步记录、同步显示。仅2019 年，浙江全省法院网上直播庭审累计达 49 万余场，位居全国第二位。大部分案件，只要民众感兴趣，都可以通过法院专门建立的互联网直播平台去观看。

案例来源：1. 董碧水，王华卫. 浙江法院改革：用公开倒逼公正[N]. 中国青年报，2014-07-12(1).

2. 浙江省高级人民法院工作报告[N]. 浙江日报，2021-02-03(5).

案例简析 》》》

庭审直播则是"阳光司法"的新成果。庭审直播将法院行为置于民众监督之下，能够有效监督法官的行为，防止司法腐败，让司法的过程以一种可视化的形态呈现，提升了司法公信力。同时，直播的形式有利于在普通民众中普及法律知识和法治意识，对人们未来的行为选择起到一定的指引作用。

三、政法机关一体化网上协同办案体系

一体化办案系统是浙江省政法数字化协同工程一号示范项目，主要通过跨部门的数据交换、业务协同、数据共享、流程再造，打破信息壁垒，开通信息"高速公路"，构建政法机关一体化的网上协同办案体系。

2018年底,浙江实现政法一体化办案系统应用全覆盖,政法单位网上协同办案成为常态。数据多跑,人就少跑。2019年下半年单轨制协同办案试点后,数字卷宗替代纸质卷宗,通过一体化办案系统直接推送至政法各单位,为政法干警"一次都不用跑"创造了条件。随着政法一体化单轨制协同办案深入推进,浙江政法机关执法办案加快变革,成效不断彰显。据统计,先行先试地区累计单轨办案5219件,占比56.69％。特别是疫情防控期间,单轨制办案充分发挥信息化、无接触优势,实行线上移送卷宗、线上审查办案、线上证据出示,办案效果得到实战检验。目前,浙江99％的报请逮捕和移送审查起诉案件从源头进入一体化办案系统,全省一体化办案累计超过15万件。

以往无论是公安机关向检察机关移送案件,还是检察机关向法院移送案件,都必须移送纸质卷宗或材料。每个案件,检察官、法官都要摘录几页、十几页甚至上百页证据。单轨制协同办案模式下,只移送数字卷宗,不再移送纸质卷宗。换押、送案等几分钟网上操作即可实现,证据摘录更是复制粘贴就能完成。书记员不再为了一纸换押证一趟趟跑看守所,法警不必天天到法院"报到",检察官也从"速录员"的状态中解放出来。同时,通过推行单轨制协同办案,让可能存在的单人讯问、事后补签等执法司法不规范问题无处遁形,倒逼政法干警进一步树立正确执法司法理念,推动执法司法行为更加规范,政法机关互相配合、互相制约更加到位。

◆ 本章小结

公正司法是维护社会公平正义的最后一道防线。自党的十八届四中全会以来,浙江省积极落实中央提出的要求,以司法责任制为核心,全面推进司法体制的改革,同时完善司法权力运行机制,破浪前行,从制度上推动司法公正。在司法改革的过程中,科学技术为红利的释放提供了助力。浙江省在互联网法院、智能审判、政法机关一体化网上协同办案等方面打造了多张金名片,实现了现代科技与司法改革的良性互动,让司法更"智慧",让公平正义看得见。

◆◆ **思考题**

1. 为什么说司法体制改革是全面推进依法治国、加快建设社会主义法治国家的关键举措?

2. 司法体制改革以什么为核心?主要涉及哪些方面的内容?

3. 浙江省从哪些方面开展了司法权力运行机制的改革?

4. 科学技术在司法改革中发挥了怎样的作用?

◆◆ **拓展阅读**

1. 习近平.习近平谈治国理政(第三卷)[M].北京:外文出版社,2020.

2. 马振清,杨礼荣.依法治国与中国特色国家治理现代化[M].北京:光明日报出版社,2020.

3. 张述元.司法改革形势下的审判管理基本理论研究[M].北京:人民法院出版社,2018.

4. 最高人民法院编写组.公正司法的理论与实践探索[M].北京:人民法院出版社,2015.

要提高全民法治意识和道德自觉。法律要发挥作用,首先全社会要信仰法律;道德要得到遵守,必须提高全体人民道德素质。要加强法治宣传教育,引导全社会树立法治意识,使人们发自内心信仰和崇敬宪法法律;同时要加强道德建设,弘扬中华民族传统美德,提升全社会思想道德素质。要坚持把全民普法和全民守法作为依法治国的基础性工作,使全体人民成为社会主义法治的忠实崇尚者、自觉遵守者、坚定捍卫者。

——摘自习近平在主持中共十八届中央政治局第三十七次集体学习时的讲话要点①

第七章　全民守法,深化普法依法治理

◆◆ 本章要点

1."谁执法、谁普法"的普法责任制把执法与普法有效衔接并融为一体,是普法转型升级的重要举措;通过多角度增强普法主体的主动性,为加速普法机制由被动向主动转化提供制度保障。深入展开普法活动,提高普法宣传的质量,不仅要把握普法的重点内容与重点对象,还需要继续守正、不断创新普法的载体和方法。

2.深入推进依法治理,推动全社会树立守法观念,是实现法治社会建设的必然要求。领导干部带头尊法学法守法用法,社会公民也积极参与和践行,心悬法律的明镜,手握法律的戒尺。

3.实践证明,自治、法治、德治"三治融合"是坚持发展新时代

---

① 习近平. 习近平谈治国理政(第二卷)[M]. 北京:外文出版社,2017:135.

"枫桥经验"的重要路径；必须加强"三治融合"体系建设，以自治增活力、以法治强保障、以德治扬正气，更好地实现基层善治，不断增强人民群众获得感、幸福感、安全感。

《中央宣传部、司法部关于在公民中开展法治宣传教育的第七个五年规划（2016—2020 年）》（"七五"普法规划）指出，全民普法和守法是依法治国的长期基础性工作。科学立法、严格执法、公正司法等法治建设领域的顺利推进都需要全民守法的配合。实现全民守法，做到信任立法、配合执法、倚赖司法、努力护法。守法的前提是知法，由此普法是实现全民守法的关键。普法不只是以通俗的语言向公民解读法律的意涵，更需要在依法治理的过程中实现并保持国家和社会之间的良性互动。法治是国家建设和社会治理的重要方式，但不是唯一的方式。一方面，在全民守法的问题上，应当使法治与德治相结合，通过道德引导，让全体社会成员意识到遵守法律不仅是一种法律义务，更重要的是一种道德义务。另一方面，在基层社会依法治理方面，应当实现法治与自治的融合，自治是法治的基础，法治是自治的保障。在普法与守法问题上，浙江省在深化和落实普法责任制、打造法治实践平台促进依法治理、建构"三治融合"的法治社会治理体系等方面展现了创新精神和实干作风，充分展现了法治浙江的意蕴和特色。

第一节　深化和落实普法责任制

守法的前提是知法，而普法在使法律公开化和普及化方面发挥着重要的作用。特别是在法治观念薄弱的地区，更需要政府部门展开自上而下的普法运动,以使法治观念深入社会。在此过程中,需要深化和落实普法责任制,以使普法活动具有长远的机制保障。由此,可以说普法责任制是促进法律普及进而促成全民守法的一大关键。在深化普法责任制方面,需要架构和完善"谁执法、谁普法"的体制机制,解决好谁普法、普何种法、如何普法及普法绩效评估等关键问题。在普法宣传手段的选择上,要坚持贴近实际、生活与群众,坚持全社会共同参与,增强普法教育的针对性和实效性。

一、深化"谁执法谁普法"的体制机制

伴随着我国社会经济的发展和法治建设的推进,普法需要适应新时代和新形势下的新要求,完善创新机制,不断开创法治宣传教育的新局面。2014 年 10 月,党的十八届四中全会通过《中共中央关于全面推进依法治国若干重大问题的决定》,"坚持把全民普法和守法作为依法治国的长期基础性工作",首次提出实行国家机关"谁执法谁普法"普法责任制。之后,2017 年 5 月中共中央办公厅、国务院办公厅联合发布《关于实行国家机关"谁执法谁普法"普法责任制的意见》把此机制系统化、规范化、明确化,确立了执法机关普法的基本规则,明确了执法机关普法的主体、内容、对象、途径方法、责任等关键性问题。"谁执法谁普法"普法责任制意味着国家机关不仅是执法的主体,而且是普法的主体。这一责任机制是普法转型升级的重要安排,使执法与普法有效衔接并融为一体,通过多角度增强普法主体的主动性,为加速普法机制由被动向主动转化提供了制度保障;由此彰显了法治国家、法治政府和法治社会一体化的法治建设方略,契合了新时代加强全民普法力度和深化普法责任制的法治需求。

　　为此,浙江省委、省政府高度重视"谁执法谁普法"的普法责任体制,落实各部门、各行业及社会各单位的普法责任。对此,多位省领导在第一时间作出批示,要求认真贯彻落实。例如,2017 年 5月,浙江省委书记车俊批示指出:"各级党委要高度重视并加强统一领导,各级政府机关要切实履行普法责任制,各级司法行政机关(普法办)要加强组织协调督查。"此后,浙江省普法办确定了实施办法及考评标准,制定出台相关配套措施,如联合浙江省高院、省检察院、省法制办等部门制定《关于加强以案释法工作的意见》。浙江杭州、宁波、嘉兴、金华、台州、绍兴等地也均以"两办"名义出台了落实普法责任制的意见。比如,2015 年台州在全省率先建立健全市级部门"谁执法谁普法"工作责任制,并率先实行法治宣传项目系统化管理,使法治宣传教育力量得到充分整合。

　　通过探索,浙江成为全国首个推行普法责任清单制度的省份,已经积累了六方面具有浙江特色的经验做法,具体表现在:一是加强普法教育领导小组建设,坚持每年召开会议专题研究部署年度工作;二是明确各部门单位在普法教育工作中的责任,为此浙江省普法办先后制定了《浙江省普法教育领导小组成员单位职责》等文件;三是建立完善督促检查机制,要求各单位年初报送普法工作计划,年终报送工作总结;四是抓好重点对象学法,在全国率先统一组织实施了省管领导干部年度述法工作,在全省绝大部分地区实行领导干部任前法律考试制度;五是实行量化考核,把领导干部学法守法用法和依法履职情况纳入领导干部年度述职考核范畴,不断完善法治宣传教育与"法治浙江""平安浙江""法治政府"及新农村建设考核的衔接机制;六是加强经费保障、队伍建设及社会化普法阵地建设,以夯实普法的基础。这些具有浙江特色的经验做法,使普法教育由"软任务"变成"硬指标",构建了分工明确、各司其职、齐抓共管的社会化法治宣传教育工作格局。①

通过深化"谁执法谁普法"的体制机制,浙江省明确和扩大了普法的责任主体,形成了规模较大的普法格局,提高了普法的针对性和实效性;推进科学执法、文明执法和有效执法,有效避免野蛮执法的状况的发生;增强了法治宣传教育的针对性和专业性,促进和提高了执法者自身的法律素养。可以说,浙江省已经成为贯彻落实"谁执法谁普法"普法责任制的"典范"省份。

二、把握普法的重点内容与重点对象

开展法治宣传教育,是增强全社会法治意识的基础工程。2016 年 4 月,中共中央、国务院转发了"七五"普法规划,并发出通知,要求各地区、各部门结合实际认真贯彻执行。"七五"普法规划的原则之一即为"坚持分类指导,突出重点。根据不同地区、部门、行业及不同对象的实际和特点,分类实施法治宣传教育。突出抓好重点对象,带动和促进全民普法"。该规划还明确了普法的对象及其重点,"法治宣传教育的对象是一切有接受教育能力的公民,重点是领导干部和青少年"。

领导干部是执政和行政中的骨干力量、中坚力量。习近平总书记反复强调,"各级领导干部在推进依法治国方面肩负着重要责任,全面依法治国必须抓住领导干部这个'关键少数'"②。抓住了领导干部这个"关键少数",就意味着抓住了依法治国的"牛鼻子",从而有利于发挥示范效应,彰显领导干部以上带下的"法治力量"。

---

① 谁执法谁普法 浙江普法教育"软任务"变"硬指标"[N/OL].法制日报,2017-05-31[2021-03-01].https://zj.zjol.com.cn/news/654965.html.

② 习近平.习近平谈治国理政(第二卷)[M].北京:外文出版社,2017:126.

2016 年 11 月,中共中央办公厅、国务院办公厅印发了《党政主要负责人履行推进法治建设第一责任人职责规定》,对党政主要负责人推进法治建设的职责作了明确规定。此规定彰显了党政主要负责人需要牢固树立法律至上的理念,坚持权由法定、权依法使的观念。2019 年 12 月,中央全面依法治国委员会办公室印发了《党政主要负责人履行推进法治建设第一责任人职责情况列入年终述职内容试点工作方案》,要求包括浙江在内的 6 个试点省(自治区、直辖市),从 2019 年年终述职开始推进落实。此方案要求狠抓党政领导干部这一"关键少数"的法治意识,有效践行和压实党政主要负责人推进法治建设的第一责任,并进行和展开集中的"述法"。

◆◆ **案例 7-1**

关键少数"述法"

浙江省委全面依法治省委员会办公室出台试点工作实施方案,要求在全省市、县两级开展,并进一步细化"述法"的主体、内容、方式方法等。浙江省明确以市、县两级党委、政府及其工作部门主要负责人作为"述法"对象,同时要求各地结合实际,在细化职责清单、突出"述法"重点、完善"述法"方式、量化评价标准、接受社会监督等方面进行探索。浙江省各地勇于创新探索,第一时间组织落实,涌现出很多好的做法和经验。比如桐庐县推行"四述法",根据不同对象细化要求,增强了述法的针对性和实效性;温州市明确"两级五类"述法主体,建立"三种面向"述法方式,实现了述法灵活性和原则性的统一;丽水市组织法治监督员进行述法评议,体现了扩大社会参与、强化民主监督的鲜明导向。在试点工作推进过程中,浙江省各地党委全面依法治市、县(市、区)委员会还强化与组织部门的协作配合:宁波加强对各地各部门党政主要负责人履行法治建设第一责任人的综合分析,并将形成的总结评估意见,提供给组织部门,运用到领导班子和领导干部的年度考核结果中;湖州市委组织部将述职述法情况纳入领导班子和领导干部综合绩效考核评价,作为考察使用干部、推进干部能上能下的重要依据。

案例来源:浙江各市、县一把手年终须单独述法 让法治成为底线思维[N/OL].澎湃新闻,2020-05-10[2021-03-02].https://www.thepaper.cn/newsDetail_forward_7323048.

案例简析 >>>

着力推行的关键少数"述法",有利于倒逼党政"一把手"反思自身的法治思维意识和依法行政能力,即将法治内化于心,自觉养成法治的思维意识;将法治外化于行,善于运用法治的工作方式。总体而言,浙江省各地的试点实践各具特点,富有成效。通过"述法",各级领导干部进一步重视法治、厉行法治;凝聚了法治建设的政治共识,浓厚了法治建设的政治氛围;将法治思维与具体工作相融合,有效提升了运用法治思维和法治方式解决突出问题、热点问题、难点问题的能力。浙江省着力推行的关键少数"述法",必将为法治浙江建设继续走在前列注入新的活力和动力。

三、普法载体与方法的守正创新

深入展开普法活动,提高普法宣传的质量,不仅要靠普法主体的自觉落实,还需要继续守正、不断创新普法的载体和方法。传统的普法方法如通过报纸宣传、送法下乡,在为民众提供法律知识、提高民众的法律意识等方面卓有成效。在21世纪的信息时代,新型传媒技术迅速崛起,人口的流动范围不断扩大,为提高普法的质量和效果,特别需要运用新型的传媒技术,创新普法的载体和方法,更新法治的宣传方式,使普法的形式多渠道、多样化,拓展社会法治宣传教育的广度和深度。"七五"普法规划规定的法治宣传教育工作应遵循的原则之一便为："坚持创新发展,注重实效。总结经验,把握规律,推动法治宣传教育工作理念、机制、载体和方式方法创新,不断提高法治宣传教育的针对性和实效性,力戒形式主义。"由是,为落实"七五"普法规划,更需要实现普法载体与方法的守正创新。

自"七五"普法工作全面启动以来,浙江省杭州市司法局创新思路,拓展渠道,整合引导社会资源参与普法教育,着力构建普法机构主导、社会力量联动的社会化普法新格局。除此之外,杭州市司法局扎实推进法治文化的阵地化、项目化、产品化、品牌化建设,培育和打造与本土历史人文风俗相融合的杭州特色法治文化,切实发挥法治文化的教育、熏陶、示范、引导作用。"阿普"是杭州普法代言人,其原型是我国古代传说中能辨是非曲直、识善恶忠奸的神兽"獬豸"。近年来,杭州市以"阿普"为原型,制作了《阿普说宪法》《民法群岛游记》《法治路·中国梦》等法治动漫短片和法治公益广告,开发了交通法规钥匙扣、扑克牌、雨伞、书签等普法宣传品,还用"阿普"冠名了许多普法节目,如"阿普说法"移动公交普法节目、"空中阿普"广播普法节目,丰富了"阿普"的文化内涵,扩大了社会影响力。

◆◆ 案例 7-2

公交车移动电视终端《阿普说法》让普法更接地气

从 2017 年 3 月 10 日起,由杭州市市司法局、市普法办、市委法治办、杭州移动电视联合推出的一档普法栏目——《阿普说法》正式与杭城公交乘客见面。《阿普说法》是杭城媒体普法节目中的佼佼者,其内容为典型案例法律分析、法治文创产品展播等;栏目每周一期,每期 6 分钟,在每个周四、周五上下班高峰期共播出 5

次。作为一档全新的公交电视类普法栏目，《阿普说法》主要有以下四个特点：一是普法受众"多"。该节目已覆盖主城区 6000 多辆公交车，每天 400 万人次乘客在此接受普法教育。二是表现方式"活"。《阿普说法》栏目致力于宣传全市重大法治、普法活动，解读社会关注的法律政策，分析典型案例，展示普法先进，访谈法治人物，展播法治文艺和法治文创，以鲜活的形式让市民乘客真切感受到法律就在身边。三是宣传视角"广"。《阿普说法》栏目坚持"大普法"视角的宣传定位，着力打造成全市综合性普法宣传媒体平台。四是拓展空间"大"。积极做好结合文章，将普法宣传与法律服务紧密融合。

案例来源：

1. 我市推出全省首档公交电视普法栏目《阿普说法》[N/OL]. (2017-01-07)[2021-03-03]. http://www. maxlaw. cn/zhejiang/news/866111332972. shtml.

2. 陈东升. 法治文化润杭城[N/OL]. 法制日报，2018-09-05[2021-03-03]. http://legal. people. com. cn/n1/2018/0905/c42510-30273344. html.

案例简析 >>>

"普法惠及民生，法治改变生活。"《阿普说法》向广大群众传播法治精神、弘扬法治理念，推动全社会形成"自觉守法、遇事找法、解决问题靠法"的浓厚法治氛围，让法治成为人们的一种生活方式和共同信仰。

第二节　打造法治实践平台，促进依法治理

全面建设法治社会，既需要通过普法教育提升公民和全社会的法治素养，也需要通过法治实践平台来训练和养成法治意识，营造尊法学法守法用法的良好氛围。打造法治实践平台，也是坚持

和促进依法治理的要求。这就需要努力完善各方面立法,切实保证执法,做到公正司法,最终实现国家治理体系和治理能力的法治化。法治观念的普及依赖于依法治理的实践,重大治理的实践促进法治观念的普及。这种辩证的关系可使治理与普法相辅相成、相得益彰。加强社会信用体系建设也是打造法治实践平台的重要举措,不仅有利于依法治理的实现,也有利于法治观念的普及,为法治营造良好的社会环境。

一、营造尊法学法守法用法的良好氛围

习近平总书记在省部级主要领导干部学习贯彻党的十八届四中全会精神全面推进依法治国专题研讨班上的讲话中指出:"领导干部要做尊法学法守法用法的模范,带动全党全国一起努力,在建设中国特色社会主义法治体系、建设社会主义法治国家上不断见到新成效。"[①]这是因为,领导干部这个"关键少数",既是依法治国的领导者和组织者,又是依法治国的执行者和实践者。同时,领导干部的一举一动都对民众起着示范作用,影响着民众价值取向的塑造。习近平总书记进而对领导干部如何尊法学法守法用法作了提纲挈领的指示:"各级领导干部的信念、决心、行动,对全面推进依法治国具有十分重要的意义。领导干部要做尊法的模范,带头尊崇法治、敬畏法律;做学法的模范,带头了解法律、掌握法律;做守法的模范,带头遵纪守法、捍卫法治;做用法的模范,带头厉行法治、依法办事。"[②]

孔子曾谆谆告诫历代政治家:"其身正,不令而行;其身不正,虽令不从。"中国共产党的重要创始人、领导者、著名法学家董必武

---

① 习近平. 习近平谈治国理政(第二卷)[M]. 北京:外文出版社,2017:126.
② 习近平. 习近平谈治国理政(第二卷)[M]. 北京:外文出版社,2017:127.

对此问题曾有过十分精辟的阐述。他说："要使群众守法，首先就要求国家机关工作人员，特别是领导者以身作则。国家机关工作人员必须对法律、法令有充分的理解，才能正确地执行和模范地遵守法律。"①因此，国家机关及其工作人员需要不断提高自身的法治意识和法律素质，用法治思维和法治方式管理国家经济政治社会事务，提高依法办事的能力水平，把法治作为治国理政的基本方式。领导干部应把尊法学法守法用法变成一种自觉、一种习惯、一种风尚，为营造尊法学法守法用法的良好氛围作出表率。

在法治社会，每一个人的生活都离不开法律规范，都需要树立法治观念。所以除了领导干部这个关键少数外，还要营造全社会尊法学法守法用法的良好氛围。法国哲学家卢梭认为，最重要的法律，"既不是铭刻在大理石上，也不是铭刻在铜表上，而是铭刻在公民们的内心里"。② 尊法，不同于"遵法"，体现了公民的主动性和自愿性；尊法就是要尊崇和信仰宪法和法律。只有思想上尊崇法治，才能行动上遵守法律。每一个公民都应该深刻认识到尊法的重要性，达到"从心所欲不逾矩"的境界，实现自治与他治的统一。学法是守法和用法的前提。营造全社会学法的氛围，既需要深入开展法治宣传教育，丰富法治宣传的形式，提升法治宣传教育的影响力、渗透力和吸引力；也需要弘扬社会主义法治精神，让法治进课堂、进头脑，努力让每个公民知晓和掌握更多的法律知识。守法是形成法治秩序的必要前提，要营造全社会守法的氛围，努力形成人人守法、守法光荣、违法可耻的社会氛围。法律在社会生活中被遵守，法律才具有实效，社会才能成为一个法治社会。最后，每个

---

①　董必武. 董必武法学文集[M]. 北京：法律出版社，2001：222.
②　卢梭. 社会契约论[M]. 何兆武，译. 北京：商务印书馆，1980：70.

公民在尊法学法守法的过程中,还要积极用法,养成事事依法、遇事找法、解决问题用法、化解矛盾靠法的良好习惯。

健全普法机制、落实普法责任、创新宣传方式,努力提高法治宣传工作水平,在全社会营造尊法学法守法用法的浓厚氛围。领导干部带头尊法学法守法用法,社会公民也积极参与和践行,心悬法律的明镜,手握法律的戒尺。只有这样,才能真正让法治理念和法治精神深入人心,让尊法学法守法用法成为全社会的共同信仰和共同追求。

二、深入推进依法治理,推动全社会树立守法观念

2020 年 12 月,中共中央印发了《法治社会建设实施纲要(2020—2025 年)》(以下简称《实施纲要》),并发出通知,要求各地区各部门结合实际认真贯彻落实。《实施纲要》开篇即指出:"法治社会是构筑法治国家的基础,法治社会建设是实现国家治理体系和治理能力现代化的重要组成部分。建设信仰法治、公平正义、保障权利、守法诚信、充满活力、和谐有序的社会主义法治社会,是增强人民群众获得感、幸福感、安全感的重要举措。"法治社会的建设要求深入推进依法治理。党的十九届四中全会对推进国家治理体系和治理能力现代化进行顶层设计,将依法治理作为治理现代化的重要方向。依法治理是一种有力度、有态度、有温度的国家治理方式。"有力度是指依法治理在落实治理目标上贯彻执行力,充分发挥制度优势,有效实现治理效能","有态度是指依法治理在确保治理属性上具有鲜明特征",即实现与坚持党的领导、人民当家作主、依法治国有机统一;"有温度是指依法治理在治理价值层面体现明确导向,有利于保护公民权利、实现公平正义和维护'公序良俗'"。①

《实施纲要》还特别要求"推动全社会增强法治观念",具体指出:"全民守法是法治社会的基础工程。树立宪法法律至上、法律面前人人平等的法治理念,培育全社会法治信仰,增强法治宣传教育针对性和实效性,引导全体人民做社会主义法治的忠实崇尚者、自觉遵守者、坚定捍卫者,使法治成为社会共识和基本原则。"人民是法治社会建设的主体,是法治社会的主人;确认遵守法律是每个公民必须承担的义务,也是实现公民权利与自由的重要保障。因此,法治社会的建设要求推动全社会树立守法观念,实现全民守法。古希腊哲学家亚里士多德有言:"虽有良法,要是人民不能全部遵循,仍然不能实现法治。法治应包含两重含义:已成立的法律获得普遍的服从,而大家所服从的法律又应该本身制定的良好的法律。"②守法观念是公民自觉用法律规范自己、约束自己行为的理性思维活动。全民守法是建设法治社会的重要环节,是弘扬法治精神的基础工程。弘扬法治精神,实现全民守法,要在全体公民中树立正确的法治观念和权利意识。这需要处理好学法与守法的关系、权利与义务的关系、法律与道德的关系。从公民积极守法的角度来看,实现全民守法,要求公民以积极作为的国家主人翁态度,做到"信任立法、配合执法、倚赖司法、努力护法"。③普遍提高人人的守法观念,是加强社会主义民主和法治建设、保障社会主义建设顺利发展的重要思想条件。

---

①　李少文. 坚持依法治理 应对各类风险挑战[N]. 学习时报,2020-09-09(2).

②　亚里士多德. 政治学[M]. 吴寿彭,译. 北京:商务印书馆,1965:199.

③　李林. 全民守法是法治建设的基础工程[N]. 人民日报,2013-11-07(7).

深入推进依法治理,推动全社会树立守法观念,是实现法治社会建设的必然要求。中国法治社会的建设就是法治中国的建设。法治浙江的建设是法治中国、法治社会建设的重要组成部分,浙江的经济、政治、文化、社会和生态文明建设各个领域的法治化水平得到了显著提升,科学立法和民主立法不断拓展,法治政府纵深推进,人民的守法观念得到明显提高。浙江省成为全国公认的法治化程度最高的省份之一,取得了丰硕的理论成果、制度成果和实践成果,特别是在"重大治理实践促进法治观念普及"和"加强社会信用体系建设"等方面取得了显著的成效。

三、重大治理实践促进法治观念普及

依法治理的过程也是法治观念普及的过程。对于治理者而言,经此不仅学到了法律知识,而且学会了运用法律,把法律与社会事务相联系。对于被治理者而言,经此也体味到依法治理的实践,体味到法律与自身之间存在的密切联系。法治观念的普及必须通过治理实践让法治走进人民的生活之中。由是,法治观念的普及依赖于依法治理的实践,重大治理的实践促进法治观念的普及。这种辩证的关系可使治理与普法相辅相成、相得益彰,从而在建构法治国家、法政政府、法治社会的过程中发挥重要的作用。

浙江省在通过重大治理实践促进法治观念普及中起到了典范作用,特别是在建设社会矛盾纠纷调处化解中心(以下简称"矛调中心")方面取得了重大成效。矛调处理的过程也是法治观念普及的过程,人民群众在矛盾调解处理的过程中可生动地体味到法治的力量和价值。浙江省矛调中心的建设富有成效。2020 年 3 月 30 日下午,习近平总书记在浙江安吉县考察。他来到安吉县矛调中心调研,了解基层矛盾纠纷调解工作情况,与工作人员和办事人

员亲切交流。习近平总书记指出，矛盾处理是一个国家、社会长治久安的一个基础性工作；解决问题的宗旨，就是为人民服务；老百姓都能够顺心满意，我们这个国家才能越来越好。安吉县矛调中心于 2019 年 8 月正式运行。"一中心多平台"是它的一大特点，纪委监委、信访、公安、检察、法院、司法、人力社保、卫健等多部门集中办公。通过整合矛盾调解资源，常态化开展联合接访、联合调处、联合督办，形成矛盾收集、按需调处、诉讼服务全链条机制，着力实现群众矛盾纠纷化解"只进一扇门""最多跑一地"。这里采取"1＋6＋10＋N"运行模式，即 1 个导引区，6 个功能区，10 个接访窗口，还有调解室、审判庭等 N 个功能室。目前，该中心已经累计接待群众超过 6500 人，矛盾纠纷化解率达到 91.3％。安吉县矛调中心具体服务百姓的方式是：群众来访后，先到导引区，工作人员根据来访事项，第一时间进行分析、引流，然后引导群众根据需求进行预约叫号，到相关的接访窗口办理业务。① 安吉县的做法只是浙江省县级矛调中心建设的一个缩影。

◆◆ **案例 7-3**

浙江省县级社会矛盾纠纷调处化解中心建设

浙江省建设县级矛调中心，不是心血来潮，也不是空穴来风。这项改革，是在实践基础上的集成创新，具有深厚的理论逻辑和实践逻辑。从理论逻辑层面看，建设县级矛调中心，更好地贯彻了习近平总书记以人民为中心的发展思想，落实了社会治理现代化的根本要求，体现了与时俱进的改革创新精神。从实践逻辑层面看，

---

① 沈东方，陆迪颖. 总书记刚去的社会矛盾纠纷调处化解中心，你了解吗［EB/OL］.（2020-03-31）［2021-03-28］. http://www.ccdi.gov.cn/yaowen/202003/t20200331_214529.html.

多年以来,浙江省在政法、信访工作、社会治理和平安建设、法治建设等方面进行的积极探索,为县级矛调中心建设提供了丰富经验和实践基础。这个基础,来源于坚持发展新时代"枫桥经验"的生动实践,来源于领导干部下访接访的生动实践,来源于平安浙江、法治浙江建设的生动实践,来源于浙江省"最多跑一次"改革的生动实践,来源于加强诉源治理工作的生动实践,来源于加强党对信访和矛盾纠纷化解工作领导的生动实践。

早在 2019 年初,浙江省委深改委会议就对县级矛调中心建设进行专题研究,并将其列入重点突破改革项目。2019 年 3 月,浙江省信访工作推进会在天台县召开,吹响了建设县级矛调中心的号角。浙江省委政法委会同省信访局出台了指导意见,明确了相关要求。在浙江省委十四届六次全会闭幕后的第二个工作日,省委就在余杭召开现场推进会,省委书记车俊出席并讲话,推动浙江省社会治理领域"最多跑一地"改革取得实质性突破,当年内除了新设立的龙港市外,89 个县(市、区)都建成实体化矛调中心。"余杭会议"后,浙江省委办公厅专门下发了县级矛调中心规范化建设指导意见。各地各部门按照省委要求,进一步加强对中心建设的研究部署,推动制度、体制、机制、能力建设等方面实现新的进展。习近平总书记视察安吉县矛调中心后,浙江省委常委会会议两次专题研究,省"两办"印发了县级矛调中心规范化建设指引和质效评价体系等文件,进一步完善了顶层设计。省级层面成立了省委建设县级矛调中心协调小组,市级层面成立了指导小组,县级层面成立了领导小组,分层指导推进矛调中心建设。

在具体推进过程中,浙江省注意突出把握一个原则,这就是坚持一切从实际出发,因地制宜,实事求是,不搞"一刀切",坚决防止形式主义。结合各地人口、面积、经济社会发展、矛盾纠纷状况等实际情况,浙江省委明确县级矛调中心分"三类地区"建设。浙江省委明确,县级矛调中心的功能定位是"三大平台",即信访和矛盾纠纷调处化解平台、社会治理事件处置平台和社会风险研判平台。县级矛调中心主要通过以下三种方式运行:一是集成多元手段,确保实现"一站式接收、一揽子调处、全链条解决";二是强化数字赋能,构建矛盾问题一网通调、协同治理机制;三是注重系统治理,形成"一中心、四平台、一网格"上下贯通、左右联动的县域社会治理体系。从一年多的实践看,浙江省县级矛调中心建设推进顺利,取得了初步成效。2020年上半年,全省县级矛调中心共接待群众近66万人次,受理矛盾纠纷57.3万件,化解54.2万件,化解成功率达94.6%;初次走访化解率达95%,同比上升2.3个百分点,县级走访占比82.8%,同比上升3.9个百分点;全省法院新收各类案件73.9万件,同比下降15.11%;诉前纠纷化解率27.92%,同比上升7.51%。

案例来源:浙江省县级社会矛盾纠纷调处化解中心建设新闻发布会[EB/OL].(2020-07-15)[2021-03-28]. http://www.zj.gov.cn/col/col1229173550/index.html.

案例简析 〉〉〉

建设县级矛调中心,符合中央要求,符合浙江省实际,符合社会发展规律,符合人民群众需要。现有实践证明,这项改革措施是省域治理现代化中一项具有开创性意义的重大探索,是浙江展示中国特色社会主义制度优越性的重要方面,是"重要窗口"建设中的一个标志性工程。

四、守信即守法:加强社会信用体系建设

自古以来,中国就极为重视诚信建设,诚信不仅是个人安身立

命的根本,也是社会良序发展的基石。法律体现着契约的精神,守法即守信;守信需要法律的保障,守信即守法。很难想象一个不守信的社会会成为法治社会,也很难想象一个非法治的社会是一个守信的社会。为实现守信和守法的融合,加强社会信用体系建设尤为必要。据国务院印发的《社会信用体系建设规划纲要(2014—2020年)》规定:"社会信用体系是社会主义市场经济体制和社会治理体制的重要组成部分。它以法律、法规、标准和契约为依据,以健全覆盖社会成员的信用记录和信用基础设施网络为基础,以信用信息合规应用和信用服务体系为支撑,以树立诚信文化理念、弘扬诚信传统美德为内在要求,以守信激励和失信约束为奖惩机制,目的是提高全社会的诚信意识和信用水平。"社会信用体系建设是一项复杂的系统工程,其基本架构由社会信用制度、信用服务行业、社会信用活动和信用监管体制四个方面组成。社会信用体系的核心作用在于,记录社会主体信用状况,揭示社会主体信用优劣,警示社会主体信用风险,并整合全社会力量褒扬诚信,惩戒失信。由此,"加快社会信用体系建设是全面落实科学发展观、构建社会主义和谐社会的重要基础,是完善社会主义市场经济体制、加强和创新社会治理的重要手段,对增强社会成员诚信意识,营造优良信用环境,提升国家整体竞争力,促进社会发展与文明进步具有重要意义"。

党和国家历来非常重视社会信用体系的建设。2016年,习近平总书记在主持中共十八届中央政治局第37次集体学习时讲话指出:"要运用法治手段解决道德领域突出问题。法律是底线的道德,也是道德的保障。要加强相关立法工作,明确对失德行为的惩戒措施。要依法加强对群众反映强烈的失德行为的整治。对突出的诚信缺失问题，既要抓紧建立覆盖全社会的征信系统，又要完善守法诚信褒奖机制和违法失信惩戒机制，使人不敢失信、不能失信。对见利忘义、制假售假的违法行为，要加大执法力度，让败德违法者受到惩治、付出代价。"①2016 年 12 月，中共中央办公厅、国务院办公厅印发《关于进一步把社会主义核心价值观融入法治建设的指导意见》，针对道德领域突出的诚信危机，明确提出要"加强社会信用体系建设，完善守法诚信褒奖激励机制和违法失信行为惩戒机制"。

浙江省信用建设工作开展时间较早，自 2002 年提出"信用浙江"后，持续推进社会信用体系建设，目前已经取得重大进展，特别是 2017 年 9 月 30 日浙江省第十二届人大常委会第四十四次会议通过，并于 2018 年 1 月 1 日实施的《浙江省公共信用信息管理条例》更是为浙江省建设体系完备、机制健全、运转有序、奖惩有度的社会信用体系提供了法治保障，为其他省份制定相类似的法规提供了参考性的"样板"。

◆◆ **案例 7-4**

制定《浙江省公共信用信息管理条例》

2017 年 12 月 22 日，《浙江省公共信用信息管理条例》（以下简称《条例》）贯彻实施新闻发布会在杭州召开。作为浙江省公共信用信息领域第一部地方性法规，《条例》对信息归集与披露、激励与惩戒、信息主体的权益保护、法律责任和施行时间均作了规定。以"信用属性"为界定依据，《条例》将公共信用信息界定为国家机关、法律法规规章授权的具有管理公共事务职能的组织及群团组织

---

① 习近平. 习近平谈治国理政(第二卷)[M]. 北京:外文出版社,2017:134-135.

等,在履行职能过程中产生的反映具有完全民事行为能力的自然人、法人和非法人组织信用状况的数据和资料;将不良信息界定为对信息主体信用状况构成负面影响的公共信用信息。

浙江通过省公共信用信息服务平台,搭建了企业、自然人、社会组织、事业单位和政府机构"五位一体"的基本构架,覆盖189.1万家企业、6550.5万自然人、4.9万家社会组织、3万余家事业单位和8957家政府机构。目前,浙江法人和非法人组织的公共信用信息共有364类7532项,自然人公共信用信息共75类900项。此外,根据《条例》,浙江省将为所有信息主体建立以统一社会信用代码为标识的信用档案。信用档案包括基础信息、不良信息和守信信息。通过打造信用浙江的"金名片",降低社会交易成本。

《条例》褒扬诚信、惩戒失信。如其规定,对守信者进行行政许可、财政性资金和项目支持、公关资源交易等方面的信用激励。2020年7月,浙江244名连续三年无不良信用记录的五星级青年志愿者,可享受积分落户、教育服务和管理、就业和创新创业、社会保障、金融等多方面激励政策。而对于被列入严重失信名单的信息主体,《条例》明确国家机关可以按照规定对其采取限制参加政府采购、限制高消费、限制任职资格、限制享受财政资金补助及限制参加表彰奖励活动等一系列惩戒措施。目前浙江省失信"黑名单"涉及23个领域。信用浙江网失信"黑名单"专栏已公示环保、产品质量、税收重大违法等17类失信"黑名单"信息,涉及主体超过2000个。

案例来源:梅芳燕.《浙江省公共信用信息管理条例》明年1月1日起施行[N/OL].中国新闻网,2017-12-23[2021-03-38]. http://www.zj.chinanews.com/news/2017/1223/9079.html.

案例简析 >>>

信用管理已被作为重要的、基础性的事中事后监管措施,对社会公众利益的影响既重大又深远。《浙江省公共信用信息管理条例》对公共信用信息归集与披露、信用激励与惩戒、信息主体权益保护等方面作了较为全面、具体、可操作的规定,形成了一系列具体制度。《条例》为建立健全公共信用信息管理体制机制提供了法制保障,它的贯彻实施将对于规范和推动社会信用体系建设,打造"信用浙江"发挥积极作用。

第三节 构建"三治融合"的法治社会治理体系

"确立法治为治国理政的基本方式,并不排斥道德、纪律、行政、经济、乡规民约等,而是强调要综合运用多种规范手段,形成综合治理体系,其中法治是基本治国方式。加强法治建设,既要警惕法治虚无主义,也防止法治万能主义。"[1]特别是在历史悠久及幅员辽阔的中国的基层社会,除法治的治理模式外,还应重视德治和自治的治理方式,既要实现基层社会治理体系的多元化,又要实现基层社会治理方式的融合。基层社会的治理程度,直接决定整个社会的治理现代化的水平。以基层社会单位为细胞,实行广泛的群众动员和社会动员,通过创建多元化治理的实践,让每个基层社会的成员能感受到现代化治理方式的便捷;通过构建"三治融合"的法治社会治理体系,使参与社会治理的所有个体都能具有公德,都能明白自身的法定权利和责任、权利和义务,成为自觉遵守法律、

---

① 全国干部培训教材编审指导委员会. 建设社会主义法治国家[M]. 北京:党建读物出版社,人民出版社,2019:16.

善于运用法律的有作为的自治主体。

一、新时代"枫桥经验"与"三治融合"的乡村治理体系

构建自治、法治、德治"三治融合"的基层社会治理体系,是浙江创新发展"枫桥经验"的最新成果,也是新时代"枫桥经验"的精神所在。20 世纪 60 年代初,浙江省绍兴市诸暨县(现诸暨市)枫桥镇干部群众创造了"发动和依靠群众,坚持矛盾不上交,就地解决,实现捕人少、治安好"的"枫桥经验"。1963 年 11 月,毛泽东同志作出批示,要"各地效仿,经过试点,推广去做";2003 年 11 月,时任浙江省委书记习近平在纪念毛泽东同志批示"枫桥经验"40 周年暨创新"枫桥经验"大会上发表讲话,提出要充分珍惜、大力推广、不断创新"枫桥经验"。[①] 之后,"枫桥经验"得到不断发展,形成了具有鲜明时代特色的"党政动手,依靠群众,预防纠纷,化解矛盾,维护稳定,促进发展"的枫桥新经验,成为新时期把党的群众路线坚持好、贯彻好的典范。2013 年,在毛泽东批示推广"枫桥经验"50 周年之际,习近平明确指出:"各级党委和政府要充分认识'枫桥经验'的重大意义,发扬优良作风,适应时代要求,创新群众工作方法,善于运用法治思维和法治方式解决涉及群众切身利益的矛盾和问题,把'枫桥经验'坚持好、发展好,把党的群众路线坚持好、贯彻好。"[②]

自治、法治、德治"三治融合"模式发源于浙江嘉兴桐乡。桐乡市"三治"建设的核心在于多元主体参与,同时提高基层社会的"自

---

① 习近平. 干在实处 走在前列——推进浙江新发展的思考与实践[M]. 北京:中共中央党校出版社,2006:275-278.

② 王比学. 把"枫桥经验"坚持好、发展好 把党的群众路线坚持好、贯彻好[N]. 人民日报,2013-10-12(1).

治指数""法治指数""德治指数"。经过探索与实践,桐乡市已基本形成了"大事一起干、好坏大家判、事事有人管"的基层治理格局。此格局在解决集体事务、化解村里矛盾、强化法治意识、弘扬社会正气方面取得显著成效,成为乡村治理中的"桐乡样板"。在系统总结"三治结合"乡村治理模式的基础上,党的十九大报告正式提出,要加强农村基层基础工作,健全自治、法治、德治相结合的乡村治理体系。党的十九届四中全会通过的《中共中央关于坚持和完善中国特色社会主义制度 推进国家治理体系和治理能力现代化若干重大问题的决定》提出"健全党组织领导的自治、法治、德治相结合的城乡基层治理体系",并将其视为构建基层社会治理新格局的重要内容。

"枫桥经验"产生之初,主要依靠思想政治工作结合民间自治传统来解决基层矛盾纠纷。随着社会结构的深刻变动和利益格局的深刻调整,浙江省积极探索更加有效的治理模式来适应日趋多元的利益诉求。因为枫桥经验与"三治结合"的乡村治理理念具有逻辑一致性和内洽性,于是,坚持自治、法治、德治"三治融合",成为创新基层善治路径。坚持"三治融合",是新时代"枫桥经验"的精髓,是积极探索国家与社会、政府与人民、权力与权利、党政推动与群众路线之间的良性互动机制的体现,也是新时代基层社会治理创新的发展方向。建设"三治融合"基层社会治理体系,现已成为浙江省总结、提升、推广新时代"枫桥经验"的重大工程。如何把法治、德治融入基层自治中,浙江省绍兴市的做法非常值得借鉴和学习:"深入推进基层法治,积极创建民主法治村,实现'一村一律师'全覆盖,法治理念全面融入基层治理实践。依据《村民委员会组织法》制定了'乡村典章'——《石磁村典章》,对集体土地、资产、工程、财务等事项予以细化明确,实施后矛盾纠纷明显减少,法治化程度不断提高。积极践行基层德治,挖掘当地深厚历史文化蕴含的德治理念,发挥道德在基层治理中的引领、规范和约束作用,提高全社会道德水准,在更高水平上促进社会和谐稳定。"①

新时代"枫桥经验"的最重要特征就是坚持党的领导和群众路线相结合,在以人民为中心和本位的发展理念的指导下,推动基层社会自治、法治、德治相结合,在共建、共治、共享理念的引导下达到平安和谐的目标。实践证明,自治、法治、德治"三治融合"是坚持发展新时代"枫桥经验"的重要路径,必须加强"三治融合"体系建设,以自治增活力、以法治强保障、以德治扬正气,更好地实现基层善治,不断增强人民群众获得感、幸福感、安全感。近年,学习推广新时代"枫桥经验",建立健全自治、法治、德治"三治融合"的基层社会治理体系,在全国范围内迅速扩散,许多省份陆续开展了"三治结合"乡村治理的实践探索。新时代"枫桥经验"与自治、德治、法治"三治融合"的乡村治理体系是法治浙江建设中的重大成就。

二、深化民主法治村(社区)创建

基层民主自治制度是中国特色社会主义重要制度之一。创建民主法治村(社区)的目标是,运用法治方式促进基层自治,创新城乡基层的管理机制,依法保障和落实村民、居民的选举权、知情权、管理权、参与权、监督权,提升村民、居民自我管理、自我服务水平。这对于加强基层社会治理的统筹协同治理,健全自治、法治、德治"三治融合"的乡村治理体系而言具有重要意义。在新时代全面推

---

① 马卫光. 坚持和发展新时代"枫桥经验"[J]. 求是,2018(23):33.

进依法治国的背景下，深化民主法治村（社区）的创建尤为必要。民主法治示范村建设，由浙江宁波首创，在全国推广。浙江的民主法治村（社区）创建始于 2002 年前后，将近 20 年，基层民主法治实践筚路蓝缕，谱写出基层社会治理法治化的精彩华章。在民主法治村（社区）创建方面，浙江省一直走在全国前列，涌现出了多个值得借鉴的案例。

协商民主是当代中国政治发展的一个重要内容，也是中国国家治理体系现代化的一个重要组成部分。基层协商民主是社会主义协商民主最活跃的实践形式。以"民主恳谈"为载体，探索基层民主政治建设，最初是在浙江台州温岭市组织部门的组织引导和参与下产生发展起来的。温岭市是全国股份合作制经济的发祥地，处于市场经济的先发地区，民营经济发达，人民群众较早地接受了市场经济的洗礼，自主和参与意识强烈，需要在基层社会事务的决策和管理方面有更多的发言权。温岭市结合本地实际，尊重群众的意愿和基层的首创精神，发展出"民主恳谈"这一基层民主治理的新形式。温岭市从 1999 年创建民主恳谈制度以来，在实践中不断深化、完善和发展，致力于民主恳谈的制度化、程序化、规范化，将民主恳谈作为温岭市政府公共政策制定和公共事务决策的必经程序。温岭民主恳谈的方式包括对话型民主恳谈、决策型民主恳谈、参与式预算民主恳谈、党内民主恳谈和工资集体协商等多种形式。通过多年的发展，温岭民主恳谈逐步扩大社会公众有序参与，建立健全对话、沟通、讨论、协商机制，一方面为广大人民群众参与基层社会公共事务的决策和管理提供了新的渠道，提高了人民群众对基层社会事务的知情度、参与度和选择度；另一方面规范了党委政府议事决策行为，一定程度上防止和约束了权力利益化和利益特权化,促进了决策的民主化、科学化,为中国特色的社会主义基层民主政治建设提供了新思路,开辟了新途径。温岭民主恳谈已经成为我国基层协商民主的典型范式。

◆◆ 案例 7-5

后陈村首创村务监督委员会

2004 年 6 月 18 日,武义县白洋街道后陈村召开村民代表会议,通过了建立村务监督委员会的决议,选举产生全国首个村务监督委员会,形成了一个村党支部和村委会之外的"第三委"组织。

后陈村创建的村务监督委员会和制定的《村务管理制度》《村务监督制度》,在完善村集体资金监督、加强村级财务管理、防止干部违纪违规、密切干群关系、化解矛盾纠纷、促进基层民主法治建设方面发挥了积极作用。以"一个机构,两项制度"为标志性内容的村务监督委员会制度创新被称为"后陈经验"。时任浙江省委书记习近平多次批示,要求省有关部门组织专题调研。2005 年 6 月 17 日,在后陈村村务监督委员会成立一周年时,习近平同志视察了后陈村,亲自召开座谈会,对后陈村的村务监督委员会工作作了重要讲话。2012 年,该制度被列为《党的十六大以来政治体制改革大事记》"大事"之一。

实践证明,这一加强基层民主监督的实践创新具有强大的生命力和感染力。2005 年,后陈村被评为全国民主法治示范村。多年来先后接待 1000 多批 3 万多人次参观学习。"后陈经验"在被广泛关注的同时,也一直在不断深化和完善。2010 年组织开展阳光手册进农家活动,通过对村级民主监督相关制度的全面梳理和修订,新出台了村监委"周三"坐班、便民服务中心轮流值班、工作报酬考核等一系列制度,并将各项制度编印成册发给每家每户,让村民更加了解村级权力运行情况,共同参与村级事务监督。

后陈村自实施村务监督委员会制度以来,已监督了 4 届村组织、20 余名村干部,涉及村建设投资 2000 多万元,创造了连续九年村干部"零违纪"、村民"零上访"、工程项目"零投诉"、不合规支出"零入账"的"四零"纪录,成为一个以监督促进制度完善、以监督实现民主公开、以监督保障法治建设、以监督推进各项事业发展的典型样板。"后陈经验"十余年的不断实践,为推动浙江省乃至全国基层民主法治建设作出了积极贡献。

案例来源:武义县后陈村首创村务监督委员会制度[N/OL].浙江在线,2016-06-30 [2021-03-05].https://zjnews.zjol.com.cn/system/2016/06/29/021207682.shtml.

案例简析 >>>

武义县后陈村首创村务监督委员会制度让村民更广泛地参与基层自治,增强了村民在基层社会自治中的主体地位,以深化完善村监委制度的形式撬动乡村治理体系和治理能力的现代化,让民主监督成为全体村民的行动自觉,在潜移默化中引领社会风尚。后陈村首创村务监督委员会制度是浙江省民主法治村创建的典范。"后陈经验"十余年的不断实践,为推动浙江省乃至全国基层民主法治建设作出了积极贡献。

三、公共法律服务体系建设

2019 年 1 月,习近平总书记在中央政法工作会议上指出,"要深化公共法律服务体系建设,加快整合律师、公证、司法鉴定、仲裁、司法所、人民调解等法律服务资源,尽快建成覆盖全业务、全时空的法律服务网络"。① 2019 年 7 月,中共中央办公厅、国务院办

---

① 习近平. 习近平谈治国理政(第三卷)[M]. 北京:外文出版社,2020:354.

公厅印发了《关于加快推进公共法律服务体系建设的意见》,并发出通知,要求各地区各部门结合实际认真贯彻落实。意见指出:"公共法律服务是政府公共职能的重要组成部分,是保障和改善民生的重要举措,是全面依法治国的基础性、服务性和保障性工作。推进公共法律服务体系建设,对于更好满足广大人民群众日益增长的美好生活需要,提高国家治理体系和治理能力现代化水平具有重要意义。"公共法律服务体系建设的初期目标是,"到 2022 年,基本形成覆盖城乡、便捷高效、均等普惠的现代公共法律服务体系";最终目标为,"到 2035 年,基本形成与法治国家、法治政府、法治社会基本建成目标相适应的公共法律服务体系"。

完备的法律服务体系是法治社会的必备要素,也是保障公民依法行事的外部条件。全面建成覆盖城乡居民的公共法律服务体系,可使服务资源均衡发展、服务能力显著增强、服务方式便捷高效、群众满意度明显提高,为高水平全面建成小康社会提供强大的法律服务和法治保障。浙江省近几年在推荐公共法律服务体系建设方面具有许多可圈可点之处。例如,余姚市司法局为更好地向群众提供精准、及时、高效、普惠的公共法律服务,通过全方位覆盖、全业务拓展、全天候延伸等举措不断推进公共法律服务体系建设。近年来,累计接待法律咨询 6235 人次,化解矛盾纠纷 2723 件,受理法律援助案件 387 件,举办法治宣传 98 场次,发放法治宣传资料 8 万余份。①

---

① 余姚市司法局. 余姚市司法局"三个全"推进公共法律服务体系建设[EB/OL].(2020-07-30)[2021-03-06]. http://sft. zj. gov. cn/art/2020/7/30/art_1659556_53633580. html.

◆◆ **案例 7-6**

首创公共法律服务地方标准

为满足广大群众日益增长的法律服务需求，浙江省嘉兴市司法局正式发布《公共法律服务中心、站、点建设规范》。这是浙江省首个地市公共法律服务地方标准。该标准主要技术内容为明确公共法律服务中心、站、点的功能设置和服务内容，基础建设要求包括办公场所、服务大厅的场所建设和设备配置，岗位设置、人员配备要求，服务范围、服务方式、服务流程和服务规范，制度建设要求和台账建设要求，投诉处理、服务评价和工作改进要求等六大内容。既有平台建设的要求，也有业务工作的要求，既总体上符合司法部、浙江省司法厅关于公共法律服务体系建设的要求，又结合嘉兴市经济社会发展及公共法律服务事业发展的实际。该标准发布实施后，嘉兴市司法局加强该标准的运用，进一步加强工作宣传、学习和培训，将该标准运用到工作指导中。这主要体现在加大该标准的推进、检查、督查力度，建立必要的工作评估机制，全面统筹推进，强化顶层科学设计，协调稳步发展。这项举措具有十分重要的意义，有利于进一步推动公共法律服务体系建设的标准化、系统化、科学化，推进高水平公共法律服务体系建设，为新时代法治嘉兴、法治社会建设提供优质高效的法治保障和法律服务，更好满足人民群众日益增长的对多层次、多领域、个性化、体现公平正义价值的公共法律服务的需求，切实增强人民群众共享公共法律服务的获得感、幸福感，维护社会和谐稳定，促进经济转型发展。

案例来源：嘉兴发布全省首个公共法律服务地方标准［N/OL］.嘉兴在线，2018-12-17［2021-03-06］. https://zjnews. zjol. com. cn/zjnews/jxnews/201812/t20181217_9007967. shtml.

案例简析 〉〉〉

在现代社会,公共服务是人民群众获得感、幸福感、安全感的重要保障,提供高质量公共服务是满足人民美好生活需要的必然要求。当前,人民日益增长的美好生活需要,需要有一个权利得到保障、尊严得到维护的良好法治环境。高质量地供给公共法律服务,有利于保障公民基本权利、维护人民群众合法权益,也有利于实现社会公平正义、保障人民群众安居乐业的生活环境。浙江省嘉兴市的"公共法律服务地方标准",可为浙江省乃至全国的公共法律服务体系建设提供值得参考的典范。

四、有效化解社会矛盾纠纷

2020年12月,中共中央印发的《法治社会建设实施纲要(2020—2025年)》在"推进社会治理法治化"中提出了"依法有效化解社会矛盾纠纷"的要求。具体的做法有:"坚持和发展新时代'枫桥经验',畅通和规范群众诉求表达、利益协调、权益保障通道,加强矛盾排查和风险研判,完善社会矛盾纠纷多元预防调处化解综合机制,努力将矛盾纠纷化解在基层。"依法有效化解社会矛盾纠纷是一项系统工程,需要健全依法化解纠纷机制,需要完善行政调解、行政裁决、仲裁制度,需要加强行政复议工作和人民调解工作。从法治政府建设的角度而言,依法有效化解社会矛盾纠纷的要点是充分发挥行政机关在预防、解决行政争议和民事纠纷中的作用,通过法定渠道解决矛盾纠纷的比率大幅提升。依法有效化解社会矛盾纠纷,有利于增强群众的获得感、幸福感、安全感,是建设法治社会的关键所在。浙江省在依法有效化解社会矛盾纠纷方面表现突出。从2019年开始,浙江全面部署、创新推进诉讼源头治理,出台《关于加强诉源治理工作的意见》,明确诉源治理由党政领导、政法主导、社会协同、多方参与、齐抓共管,并把治理领域从民事诉讼扩大到刑事、民事、行政三大诉讼领域,力争将矛盾化解在诉前、化解在源头。

◆◆ **案例 7-7**

诉源治理开创浙江社会治理新格局

浙江是诉讼大省,自创新推进诉源治理以来,2019 年全省法院收案下降 4.6%,系全国唯一一个收案出现负增长省份,2020 年收案数同比下降 7.2%。

浙江为何要在全国率先探索推进诉源治理?作为经济大省,浙江遇见了"成长"的烦恼,从 2007 年开始就进入诉讼案件快速增长阶段,收案量从 2007 年的 51 万件持续攀升到 2017 年的 171 万件,案多人少矛盾成为长期困扰浙江法院的老大难问题。如何攻坚破难?2018 年初,浙江省高级人民法院党组经深入调查研究发现,由法院主导的一站式、多元化纠纷化解平台并没有有效缓解法院案件持续高位增长困境,应主动将法院调解工作置于党委、政府大治理格局之中。

除了涉诉纠纷化解外,诉源治理更重要的是将治理环节向前端和末端延伸,将预防矛盾纠纷体现在社会治理、重大决策、行政执法、司法诉讼、预警预测等各个方面,从根源上有效减少矛盾纠纷产生。2019 年上半年,浙江省专门组成调研组,由省委政法委牵头进行基层调研,深化系统研究,制定出台工作意见,全面部署开展诉源治理工作。浙江把诉源治理作为一项系统工程,纳入社会治理、平安建设大格局中去部署推进,推动形成以党委政法委牵头,政法各单位为主体,其他行政机关、社会组织、基层自治组织等各方参与的工作格局,凝聚起强大合力,努力建设社会治理共同体,打造共建共治共享的社会治理新格局,全力提高基层社会治理社会化、法治化、智能化、专业化水平。

浙江县级矛调中心"一个窗口"无差别受理群众各类信访诉求,形成矛盾收集、按需调处、诉讼服务全链条机制,同时加强系统集成,建立完善县、乡、村三级矛盾纠纷流转办理机制,完善协同应用系统建设。2020年以来,全省县级矛调中心共接待群众134.9万人次,受理矛盾纠纷66.2万件,化解成功率94.9%,群众来信、走访总量同比下降28.6%。

诉源治理是新时代"枫桥经验"的生动实践,也是法治浙江建设的创新成果。在法治化轨道上推动诉讼案件关口前移,浙江建立健全社会矛盾源头预防体系,坚持依法科学民主决策、严格落实风险评估机制、扎实开展平安专项整治,开展民间借贷协同治理行动,健全执行工作长效机制,加大虚假诉讼打击力度,从被动收案向源头治理、重点治理转变,提高基层社会治理法治化水平。

诉源治理,更要从源头切准矛盾纠纷"病灶",避免矛盾纠纷激化。金华率先联通"110接处警平台"与"基层治理四平台"两大信息化系统,打通治理堵点,集成研发"一警情三推送"智能管理平台,实现了矛盾纠纷智能化管理、精准化交办、集成式攻坚、源头上化解,为推动整体智治格局注入新动力。

诉源治理,离不开社会主体多元参与,以提高基层社会治理专业化水平。浙江坚持以人民为中心,做强做专做优人民调解工作,织密调解网络、加强队伍建设、完善调解机制,推进90个县级人民调解委员会、448个行业性专业性调解组织入驻县级矛调中心,让更多社会组织参与进来,线上线下联动模式不断创新,调解工作专业化水平不断增强。

诉源治理为了人民、依靠人民、造福人民。随着群众诉求表达更加畅通、矛盾纠纷多元化解更加有效、办案质量效率进一步提升，人民群众获得感、幸福感、安全感进一步增强。

案例来源：陈东升，王春．诉源治理开创浙江社会治理新格局[N]．法治日报，2021-01-20(1/3).

案例简析 〉〉〉

诉源治理就是对诉讼的源头治理，即通过多种治理手段，预防潜在纠纷、化解已有矛盾、减少进入诉讼环节案件数量或有效分流诉讼中的案件。有效推进诉源治理是在多元化纠纷解决机制大背景下防范纠纷的一项系统性工程。浙江省推动从源头上减少诉讼增量，切实增强矛盾纠纷化解效果，如此就更加有利于多元化有效化解矛盾纠纷，显著提升政法机关办案质量和效率，营造信访和矛盾纠纷"不升级、不激化、不上行"的良好态势。

◆ 本章小结

全民普法和守法是依法治国的长期基础性工作。建设好法治中国，就必须让法律发展根植于社会发展的土壤之中，使全民普法和守法与社会一起成长，与时代共同进步。法治意识是人们内心深处对法律的信仰与认识。为全面提高全社会法治化治理水平，加强法治意识的培养是全民之举。在法治浙江的建设过程中，浙江省一直深化普法依法治理，努力推进全民守法。在打造法治实践平台促进依法治理方面，浙江省致力于营造尊法学法守法用法的良好氛围，通过重大依法治理实践促进法治观念普及，加强社会信用体系建设。在普法方面，浙江省找准普法切入点，注重分类指导、突出重点，深化和落实普法责任制，实现普法载体的守正创新。在依法进行社会治理方面，浙江省通过新时代的"枫桥经验"积极建构自治、德治、法治"三治融合"的乡村治理体系,建设公共法律服务体系,有效化解社会矛盾纠纷。在法治浙江建设的过程中,浙江省涌现出了一批批经典的值得推广和借鉴的普法和守法案例。也正是这些案例,使法治浙江建设的成效得以具体化、生动化。

◆◆ 思考题

1.为何要开展自上而下的普法教育? 如何有效地展开普法,促进人民群众知法守法进而促进社会的依法治理?

2.社会信用体系与公共法律服务体系之间有何区别,两种体系分别针对的是什么问题?

3.为何要构建"三治融合"的基层社会治理体系? 在此种治理体系中法治、德治与自治这三种治理方式之间是什么关系?

◆◆ 拓展阅读

1.董必武. 董必武法学文集[M]. 北京:法律出版社,2001.

2.卢梭. 社会契约论[M].何兆武,译. 北京:商务印书馆,1980.

3.汪世荣."枫桥经验":基层社会治理的实践[M]. 2版.北京:法律出版社,2018.

4.习近平.干在实处 走在前列——推进浙江新发展的思考与实践[M]. 北京:中共中央党校出版社,2006.

5.习近平. 习近平谈治国理政(第二卷)[M]. 北京:外文出版社,2017.

6.亚里士多德. 政治学[M]. 吴寿彭,译. 北京:商务印书馆,1965.

后　记

党的十八大以来,以习近平同志为核心的党中央提出一系列法治中国的新理念新思想新战略。这些新理念新思想新战略,是马克思主义法治思想中国化的最新成果,是全面依法治国的根本遵循,必须长期坚持、不断丰富发展。习近平法治思想深刻回答了法治与国家治理、法律制度与国家制度的关系问题,强调在法治轨道上推进国家治理体系和治理能力现代化,科学指明了推进国家治理现代化的正确路径。习近平总书记指出:"法治是国家治理体系和治理能力的重要依托。"

习近平同志早在浙江工作期间,就已率先作出了"法治浙江"的重大决策。围绕"法治浙江"的决策和实施,习近平同志就法治建设的重要意义、重大原则、基本路径等作出了一系列重要论述,推动浙江走在社会主义民主和法治建设的前列。"法治浙江"建设是一项长期的、系统的工程。2007 年以来,历届浙江省委沿着习近平同志开创的"法治浙江"道路砥砺前行,一任接着一任干,不断赋予浙江现代化总体布局新的时代内涵,不断提炼法治浙江建设新的工作重点和载体抓手,续写了"法治浙江"建设新的篇章。

浙江大学光华法学院作为法学研究和法学教育的重镇,作为浙江省法治建设的重要力量,长期关注法治浙江的理论研究和实践探索。本书正是浙江大学光华法学院对法治浙江建设深入观察和经验研究的总结。本书的编写集结了浙江大学光华法学院的骨干教师和青年才俊,为本书的材料收集、章节撰写、成稿校对付出了巨大的努力。本书的写作团队包括胡铭、石一峰、蒋成旭、林洹民、阮汩君、燕星宇、徐新星、栾兆星、翁怡,本书是集体智慧和辛劳的结晶。浙江省社会科学研究院法学研究所唐明良研究员、浙江省委党校法学教研部褚国建副教授为本书作出了重要贡献,在此衷心感谢。

成书不易,冷暖自知。书中的材料和案例多来自图书、报刊、网站等,在此对前人的研究表示由衷的谢意。能力所限,纰漏在所难免,敬请斧正!

浙江大学光华法学院　胡铭
2022 年 3 月 1 日于月轮山